W0464099

Zur gegenüberliegenden Seite:
Der Auszug aus dem „Kleinen lateinisch-deutschen Handwörterbuch" von Karl Ernst Georges bietet eine Fülle von Informationen zu den einzelnen lateinischen Stichworten. Die meisten lat. Wörter sind mit zahlreichen Bedeutungsangaben versehen. Welche Bedeutung jeweils zutrifft, hängt von dem Zusammenhang ab, in welchem das lat. Wort steht. Um die Auswahl zu erleichtern, hat der Verfasser des Wörterbuches u. a. Hinweise auf lat. Autoren und Textstellen gegeben, an denen das Wort in der angegebenen Bedeutung vorkommt.

litterae

Unterrichtswerk für spätbeginnendes Latein

Von Rainer Nickel

Teil A: Lesestücke und Übungen

C. C. BUCHNERS VERLAG · BAMBERG
J. LINDAUER VERLAG · MÜNCHEN
R. OLDENBOURG VERLAG · MÜNCHEN

litterae

Unterrichtswerk für spätbeginnendes Latein

Von Dr. Rainer Nickel
unter beratender Mitarbeit von Dr. Udo Frings

Zum Titelbild: Wandgemälde aus Pompeji (Mitte des 1. Jh. n. Chr.): „Während das Mädchen in der einen Hand die vierfach gefaltete, mit Wachs überzogene Schrifttafel hält, führt es sinnend den Griffel an den Mund, überlegt sich, was es schreiben will und zieht uns mit in ihre innere Spannung" (Ludwig Curtius). (Neapel, Nationalmuseum)

Genehmigt für den Gebrauch an den Gymnasien in Nordrhein-Westfalen. In Schleswig-Holstein nicht genehmigungspflichtig.

1. Auflage 1 3 2 1 1985 84 83 82
Die letzte Zahl bedeutet das Jahr dieses Druckes.

C. C. Buchners Verlag ISBN 3 7661 **5590** 3
J. Lindauer Verlag ISBN 3 87488 **690** 5
R. Oldenbourg Verlag ISBN 3 **486 84021** 5

© 1982 C. C. Buchners Verlag, J. Lindauer Verlag, R. Oldenbourg Verlag. Nach dem Urheberrechtsgesetz vom 9. September 1965 i. d. F. vom 10. November 1972 ist die Vervielfältigung oder Übertragung urheberrechtlich geschützter Werke, also auch der Texte, Illustrationen und Grafiken dieses Buches nicht gestattet. Dieses Verbot erstreckt sich auf die Vervielfältigung für Zwecke der Unterrichtsgestaltung – mit Ausnahme der in den §§ 53, 54 URG ausdrücklich genannten Sonderfälle –, wenn nicht die Einwilligung der Verlage vorher eingeholt wurde. Im Einzelfall muß über die Zahlung einer Gebühr für die Nutzung fremden geistigen Eigentums entschieden werden. Als Vervielfältigungen gelten alle Verfahren einschließlich Fotokopie, die Übertragung auf Matrizen, der Speicherung auf Bändern, Platten, Transparenten oder anderen Medien.
Gesamtherstellung: Graphischer Großbetrieb Friedrich Pustet, Regensburg.

Vorwort

Das vorliegende Buch möchte Schülern der 9. oder 11. Jahrgangsstufe und älteren Lateinlernenden eine überschaubare, zielgerechte und zugleich interessante, anregende und abwechslungsreiche Einführung in die lateinische Sprache geben. Der Titel *litterae* ist ein Programm. Denn das Wort hat eine Fülle von Bedeutungen, die von „Buchstaben", „Schriftzeichen" und „Alphabet" über „Geschriebenes", „Schrift", „Brief", „schriftliche Aufforderung", „schriftlicher Bericht", „Dokumente", „Urkunden" bis zu „Schriften und Bücher", „Literatur", „Wissenschaften", „Belesenheit" und „wissenschaftliche Bildung" reicht. Um die Inhalte dieser Bedeutungsangaben wird es in dem Buch gehen. Gewiß braucht man für die Kenntnis des Lateinischen keine neuen „Schriftzeichen" zu lernen; auch das „Alphabet" unterscheidet sich kaum von dem unsrigen. Gleichwohl erscheinen seine „Buchstaben" in bisher unbekannten Verbindungen. Wie wichtig es ist, diese „Buchstaben" in ihrer Funktion zu beachten, dürfte sich im Laufe des Lehrganges zeigen. In jeder einzelnen Lektion haben wir es mit „Geschriebenem" zu tun, mit Texten, die aus der Sicht ihrer Autoren „Belesenheit" und „wissenschaftliche Bildung" beweisen und sich nicht nur als „schriftliche Berichte", sondern auch als „Literatur" darstellen.
Da die *litterae* ein Lehr- und Lernbuch sind, beinhalten sie selbstverständlich auch die „schriftliche Aufforderung", „Dokumente" und „Urkunden" der römisch-lateinischen Kultur zu studieren und die Fähigkeit zu erwerben, „Schriften und Bücher" in lateinischer Sprache mit Freude und Gewinn zu verstehen. Zu diesem Zweck werden so früh wie möglich Texte lateinischer Autoren zugänglich gemacht. Denn auf diese Weise ist ein rasches Eindringen in die Eigentümlichkeiten der lateinischen Sprache möglich. Wer bereits über Kenntnisse in anderen Fremdsprachen verfügt, kann diese gut gebrauchen. Denn er wird immer wieder dazu angeregt, das Lateinische mit dem Französischen, Englischen und Italienischen zu vergleichen.
Der Lehrgang ist jedoch in allen seinen Phasen so aufgebaut, daß er grundsätzlich keine Vorkenntnisse voraussetzt. Es ist lediglich eine normale Beherrschung der Muttersprache erforderlich, da das intensive Vergleichen muttersprachlicher und lateinischer Spracherscheinungen ein Prinzip des Lehrganges ist. Dieser Sprachenvergleich dürfte vielleicht auch zu neuen Einsichten in die Muttersprache führen und das Bewußtsein für ihre Eigentümlichkeiten vertiefen.
Selbstverständlich verlangen die *litterae* eine intensive Mitarbeit des Lernenden. Diese wird zunächst dadurch erleichtert, daß den Lesestücken der einzelnen Lektionen Informationen zu ihrem Inhalt vorausgeschickt werden, daß den lateinischen Texten Hilfen und Erläuterungen beigegeben sind und daß die unerläßlichen Übungsaufgaben in ihren unterschiedlichen Zielsetzungen klar gekennzeichnet sind.
Die Erschließung der Lesetexte wird darüber hinaus durch eine im Druck deutliche Gliederung erleichtert. Die Lektionen bieten den Lernstoff zudem in kleinen, überschaubaren Portionen. Die Übungen, die übrigens auch ohne Hilfe des Lehrers durchgearbeitet werden können, dienen vor allem der Einprägung unumgänglicher sprachlich-grammatischer Erscheinungen, dem Erwerb und der Sicherung eines lektürenotwendigen, aber auch in anderer Hinsicht wertvollen Wortschatzes und dem Kennenlernen einiger Gesichtspunkte methodischer Texterschließung.

Der grammatische Stoff ist so einfach und klar wie möglich dargeboten und auf ein Minimum beschränkt. Die Erläuterungen der G-Teile sollten aufmerksam gelesen werden. Dabei darf man nicht darauf verzichten, sich die Bedeutung der grammatischen Fachbegriffe einzuprägen, da sie erst das Sprechen über Sprache – und darum geht es in einer Grammatik – ermöglichen. Was im engeren Sinne des Wortes auswendig zu lernen ist, findet man in den Tabellen und Übersichten zusammengefaßt. Worauf man besonders achten muß, ist im Druck hervorgehoben.
Es empfiehlt sich sehr, die Lernvokabeln der V-Teile regelmäßig und in kleinen Mengen zu lernen und ständig zu wiederholen. Den Verben, die zusätzlich in einem alphabetischen Verzeichnis aufgelistet sind, sollte man seine besondere Aufmerksamkeit schenken. Damit niemand in Bedrängnis gerät, ist der Lehrgang durch viele kürzere oder längere Pausen aufgelockert. Die Lesestücke in diesen Pausen sollten dennoch gründlich erarbeitet werden. Denn sie sind nicht nur unterhaltsam, sondern trainieren auch die Lesefähigkeit, helfen bei der Wiederholung des bereits Gelernten und erweitern die Spracherfahrung. Der ständigen Wiederholung wird überhaupt ein besonderes Gewicht gegeben. Dabei helfen u. a. auch die vielen Verweise in den G- und V-Teilen.
Schon der erste Blick in das Buch zeigt, daß es nicht im Bereich der *litterae* bleibt und nicht nur beim Lernen der lateinischen Sprache helfen will; es soll zugleich einen bildhaften Eindruck von römischem Leben und vor allem auch von der Wirkung der römisch-lateinischen Welt und ihrer andauernden Gegenwart vermitteln. Diese Gegenwart ist sprachlich in Gestalt der romanischen Sprachen, des Englischen und der Fremd- und Kulturwörter unserer eigenen Sprache und bildlich in der Kunst und Architektur, aber auch in den Gegenständen des Alltagslebens zu erfahren.
Die zahlreichen Abbildungen sollen nicht nur Freude bereiten und das Lernen erleichtern, sondern auch die Augen schärfen und den Wunsch wecken, noch mehr zu sehen und zu entdecken. Im Rahmen der Gesamtanlage des Buches haben die Abbildungen mit den beigefügten Bildtexten aber auch den Zweck, die inhaltlichen Schwerpunkte, denen die Texte der Lektionen zugeordnet sind, zu illustrieren und zugleich die inhaltlichen Bereiche, die die Texte nur andeuten oder auch gar nicht berühren können, erschließen zu helfen. Sie ergänzen und erweitern also die in den Lesestücken angesprochenen Themenkreise. Auf diese Weise werden die „Buchstaben" der *litterae* eingebettet in ihre lebendig-konkrete Umwelt, aus der sie erwachsen und von der sie bedingt sind.
Bei der Auswahl der Lesestücke und bei der Gestaltung der Lektionen hat Herr Studiendirektor Dr. Udo Frings, Wuppertal, viele wertvolle Ratschläge und Anregungen gegeben. Ihm sei an dieser Stelle für seine Hilfe herzlich gedankt. Für tatkräftige Unterstützung und hilfreiche Kritik während der Erprobung des Lehrbuches im Unterricht danke ich besonders Herrn Udo Engel, Uslar, Herrn Oberstudienrat Helmrich Ostertun, Norderstedt, und Herrn Studiendirektor Helmut Quack, Husum.

Rainer Nickel

DIE LATEINISCHE SPRACHE

PRIVATLEBEN

ÖFFENTLICHES LEBEN

INTERMEZZO – EIN HEITERES ZWISCHENSPIEL

LATEIN IM MITTELALTER UND IN DER NEUZEIT

1 Die Mutter und ihre Töchter

I Das römische Reich, das sich um Christi Geburt vom heutigen England bis Nordafrika und vom Atlantik bis zum Orient erstreckte, ist untergegangen. Dennoch sind uns überall Reste römischer Städte, Straßen und Bauwerke erhalten. Die Römer hinterließen aber in den von ihnen beherrschten Ländern nicht nur sichtbare Zeugnisse ihrer technischen und kulturellen Leistungen; sie prägten auch die **Sprachen** in diesen Ländern. Die meisten unterworfenen Völker übernahmen mit der Zivilisation auch die Sprache der Römer, die ebenso wie das gewaltige Fernstraßennetz von fast hunderttausend Kilometern die Menschen des Reiches verband. Selbst nach dem Verfall des römischen Reiches lebte das **Lateinische** weiter. Denn es diente der christlichen Kirche, die die Sprache der Römer zu ihrer Sprache gemacht hatte, als Verständigungsmittel.

Das Leben der lateinischen Sprache spielte sich von Anbeginn auf *zwei Ebenen* ab: Sie diente einerseits als *Schriftsprache*, in der u. a. literarische Werke, aber auch Gesetze, Verträge und wissenschaftliche Abhandlungen verfaßt wurden, und andererseits als *Umgangssprache*, als gesprochene Sprache. Während die Schriftsprache spätestens seit dem ersten vorchristlichen Jahrhundert fast unverändert bis auf den heutigen Tag weitergegeben wurde, entwickelte die Sprache, mit der man sich auf der Straße, auf dem Markt, zu Hause oder in den Gaststuben verständigte, ein ausgeprägtes Eigenleben. Die Nichtrömer begegneten also zwei verschiedenen Erscheinungsformen des Lateinischen: einem offiziellen und einem umgangssprachlichen Latein. Da die meisten Menschen, die mit den Römern zu tun hatten, weder lesen noch schreiben konnten, war es nur natürlich, daß sie sich vor allem die *Umgangssprache* zu eigen machten, um sich mit römischen Kaufleuten und Soldaten verständigen zu können – und aus dieser Umgangssprache sind dann allmählich die **romanischen Sprachen** (z. B. Französisch, Italienisch, Spanisch) hervorgegangen.

Das muß man sich etwa so vorstellen: Die verschiedenen nichtrömischen Stämme und Völker übernahmen die lateinische Umgangssprache von verschiedenartigen Lehrmeistern, wie z. B. von Soldaten, Siedlern, Verwaltungsbeamten oder auch regelrechten Sprachlehrern. Sie lernten aber nicht alle gleichzeitig Latein. Denn die einzelnen römischen Provinzen wurden zu ganz verschiedenen Zeiten unterworfen. Spanien wurde z. B. schon 197 v. Chr., Gallien erst 51 v. Chr. römisch. So ist es nicht verwunderlich, daß sich in den Provinzen jeweils unterschiedliche Ausprägungen der lateinischen Umgangssprache entwickelten und allmählich zu *verschiedenen Dialekten* wurden, aus denen im Laufe der Zeit das moderne Französisch, Italienisch, Spanisch usw. hervorgewachsen sind. Wie auch immer die Entwicklung vom Lateinischen zu den romanischen Tochtersprachen verlaufen ist – die Töchter lassen die Ähnlichkeit mit der Mutter deutlich erkennen.

So stammen – um nur das Französische als Beispiel anzuführen – die meisten französischen Wörter aus der lateinischen Umgangssprache, haben sich jedoch im Laufe der Jahrhunderte in ihrer Form, Aussprache und Bedeutung mehr oder weniger deutlich verändert. Das Italienische ist dagegen als eine ununterbrochene Weiterentwicklung der lateinischen Umgangssprache anzusehen. Die Abweichungen von der lateinischen Schriftsprache sind im Italienischen erheblich geringer als im Französischen. Das Italienische hat sich auch weniger weit von der Aussprache des Lateinischen entfernt. Sehr viele italienische Wörter werden heute noch genauso geschrieben (und oft auch gesprochen) wie zur Zeit des Kaisers Augustus.

Ohne auf die anderen romanischen Sprachen einzugehen (Spanisch, Portugiesisch, Rumänisch, Rätoromanisch, Ladinisch) – selbst das **Englische** ist ebenso wie das Französische und das Italienische eine **Tochtersprache** des Lateinischen. Wie es zu diesem Verwandtschaftsverhältnis gekommen ist, hat mehrere Gründe. Britannien war von 43–409 nach Chr. römische Provinz. Um 450 besetzten die Angelsachsen das Land und brachten vom Kontinent auch lateinisches Sprachgut mit. Mit der Ausbreitung des Christentums wurde das Lateinische auch in England zur Sprache der Kirche. Die Herrschaft der französischen Normannen (ab 1066) führte zur Entwicklung einer romanisch-germanischen Mischsprache. Mit der Renaissance (seit dem 15. Jahrh.) wurde diese Mischsprache noch stärker romanisch-lateinisch gefärbt. Die neuzeitliche Entwicklung von Wissenschaft und Technik förderte die weitere Verbreitung lateinischen Sprachmaterials. Bis auf den heutigen Tag werden zur Neubildung von Wörtern lateinische Sprachelemente verwendet. Die Übereinstimmungen zwischen Englisch und Latein bestehen aber nicht nur in einem weitgehend gemeinsamen Wortschatz, sondern auch in wichtigen grammatischen Erscheinungen. Im Englischen ist allerdings auch die Anzahl der Wörter nicht-lateinischer Herkunft sehr groß.

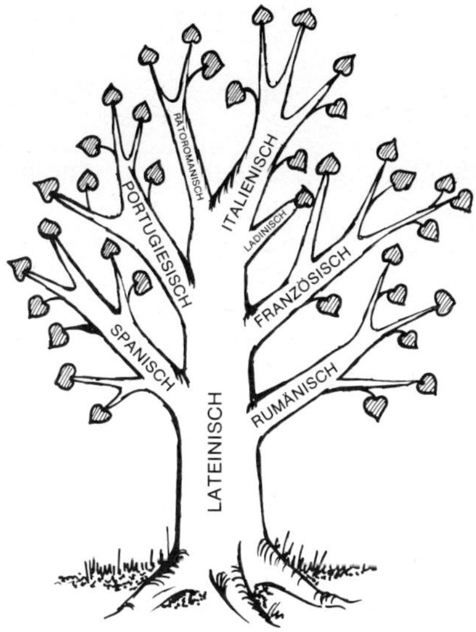

Sprachenstammbaum

L Die folgende Wörterliste möchte einen ersten Eindruck von der grundlegenden Bedeutung lateinischer Wörter für das Französische, Englische und Italienische vermitteln.

aeternus	éternel	eternal	eterno	ewig
amīcitia	l'amitie	–	l'amicizia	Freundschaft
amīcus	l'ami	–	l'amico	Freund
amplus	ample	ample	ampio	weit, geräumig
anima	l'âme	–	l'anima	Seele, Leben
antīquus	antique	antique	antico	alt
audācia	l'audace	audacity	l'audacia	Kühnheit
bonus	bon	–	buono	gut
caelum	le ciel	–	il cielo	Himmel, Klima
cārus	cher	–	caro	lieb, teuer
causa	la chose la cause	cause	la cosa la causa	Sache, Ursache
certus	certain	certain	certo	sicher, gewiß
clārus	clair	clear	chiaro	klar, hell, berühmt
concordia	la concorde	concord	la concordia	Eintracht

dēcrētum	le décret	decree	il decreto	Entscheidung, Beschluß
dīversus	divers	diverse	diverso	entgegengesetzt, verschieden
dubius	douteux	dubious	dubbioso	zweifelhaft
dūrus	dur	-	duro	hart
factum	le fait	fact	il fatto	Tat, Tatsache
familia	la famille	family	la famiglia	Familie, Hausgemeinschaft
glōria	la gloire	glory	la gloria	Ruhm
grātia	la grâce	grace	la grazia	Dank, Gunst

Ü

1. Stellen Sie bestimmte Regelmäßigkeiten in der Bildung der lateinischen Wörter fest.
2. Worin weichen die italienischen Wörter regelmäßig von den lateinischen Wörtern ab?
3. Beschreiben Sie einige mehrfach vorkommende Unterschiede zwischen lateinischen und französischen Wörtern.
4. Sprechen Sie die Wörterliste laut vor und beachten Sie die klanglichen Unterschiede und Übereinstimmungen (vgl. 1 G 9).
5. Vergleichen Sie die grammatischen Genera der lateinischen Substantive mit den grammatischen Genera der französischen Substantive.
6. Ordnen Sie die lateinischen Substantive nach ihren grammatischen Genera.
7. Bilden Sie das *Genus fēminīnum* und das *Genus neutrum* der Adjektive aus L.
8. Stellen Sie sinnvolle Verbindungen aus Substantiven und Adjektiven her (z. B. *amīcus cārus*).
9. Trennen Sie die Silben folgender Wörter: bonus, clārus, factum, dīversus, caelum.
10. Suchen Sie die mehr als zweisilbigen Wörter aus L heraus und lesen Sie diese unter Beachtung der Betonungsregeln (vgl. 1 G 7) (z. B. *audā-ci-a*).

Der Römerturm war ein Teil der römischen *Colōnia Agrippīna*, des heutigen Köln.
Viele europäische Städte verdanken den Römern nicht nur ihre Gründung, sondern auch ihren Namen. Welche modernen Stadtnamen gehen auf römische Ortsbezeichnungen zurück? Vgl. die Karte des *Imperium Rōmānum* am Schluß von Teil B der LITTERAE.

2 Lateinisch und Deutsch

I Die deutsche Sprache würde einen großen Teil ihrer Wörter verlieren, wenn man ihr die Wörter wieder wegnähme, die aus dem Lateinischen entlehnt worden sind - von der Fülle lateinischstämmiger **Fremdwörter** ganz zu schweigen. **Lehnwörter** sind lautlich eingedeutschte Fremdwörter, denen man ihre fremde (lateinische) Herkunft nicht mehr ohne weiteres ansieht.
Das Deutsche verfügt aber nicht nur über Fremdwörter und Lehnwörter, sondern auch über **Lehnübersetzungen** aus dem Lateinischen. Im Falle einer Lehnübersetzung handelt es sich um meist aus mehreren Bestandteilen bestehende Wörter, bei denen diese jeweils für sich aus dem Lateinischen übersetzt sind (Beispiele in Ü 3). Auch zahlreiche **geographische Namen** sind als Lehnwörter aus dem Lateinischen anzusehen. Dazu gehören *Rhēnus* Rhein, *Dānuvius* Donau, *Mosella* Mosel, *Germānia* Germanien, *Italia* Italien, *Britannia* Britannien, *Colōnia (Agrippīna)* Köln, *Gallia* Gallien, *Hispānia* Spanien.

L Das Votum, die Miliz nicht zu reduzieren, sondern personell expandieren zu lassen, ist als Resultat einer obskuren Interessenpolitik zu interpretieren. Es ist angesichts der destruktiven Tendenzen, die sich bei einer präzisen Observierung der Medien als signifikant erweisen, jedoch opportun, die diffizile Materie objektiv und in intersubjektiv kommunizierbarer Form zu diskutieren und dabei die latente Potenz und kaum zu negierende Aktualität der obsoleten Argumente adäquat zu verbalisieren.

Ü ① Lesen Sie den Text laut vor und versuchen Sie, ihn zu verstehen. Vielleicht gelingt Ihnen dies, obwohl keines seiner Substantive, Adjektive und Verben nicht-lateinischer Herkunft ist (Ausnahme: -politik ist griechischer Herkunft).

② Versuchen Sie, den folgenden Fremdwörtern die lateinischen Wörter zuzuordnen, von denen sie abstammen: animieren, kausal, Dekret, faktisch, antik, Bon, karitativ – causa, factum, antīquus, bonus, animus, dēcrētum, cārus.

③ Es folgt nun eine Liste mit Lehnwörtern, Lehnübersetzungen und Fremdwörtern. Lesen Sie die neuen lateinischen Wörter laut vor.

Lehnwörter

mūrus	Mauer	le mur	–	il muro
fenestra	Fenster	la fenêtre	–	la finestra
vīnum	Wein	le vin	wine	il vino
sīgnum	„Segen“, Zeichen (des Kreuzes)	le signe	sign	il segno
flamma	Flamme	la flamme	flame	la fiamma
fōrma	„Form“, Gestalt, Schönheit	la forme	form	la forma
poena	„Pein“, Strafe	la peine	penalty, pain	la pena
pretium	„Preis“, Wert, Lohn	le prix	price	il prezzo

Lehnübersetzungen

cōn-scius	mit-wissend	conscient	conscious	cosciente
bene-ficium	Wohl-tat	–	–	il beneficio
ne-cess-ārius	un-(aus)weich-lich, notwendig, nahestehend	nécessaire	necessary	necessario
miseri-cordia	Barm-herzigkeit	la miséri-corde	–	la miseri-cordia

Fremdwörter

vōtum	Votum, Gelüb-de, Wunsch	le voeu	vow	il voto
obscūrus	obskur, dunkel, unklar	obscur	obscure	oscuro
mīlitia	Miliz, Kriegs-dienst	la milice	militia	la milizia
opportūnus	opportun, gün-stig, geeignet	opportun	opportune	opportuno
potentia	Potenz, Macht, Gewalt	la puissance	–	la potenza
summa	Summe, Haupt-sache, Gesamt-heit	la somme	sum	la somma
medium	Medium, Mittel, Mitte	le milieu	middle	il mezzo
māteria	Materie, Stoff	la matière	matter	la materia

4 Beschreiben Sie auffallende Unterschiede zwischen lateinischen Wörtern und deutschen Lehnwörtern bzw. Fremdwörtern.

5 Ordnen Sie die Ihnen bisher bekannten lat. Wörter nach ihrem Wortausgang *(-us, -a, -um)*.

6 Verbinden Sie die Substantive *fōrma, dēcrētum, causa, factum, caelum, mūrus* mit einem passenden Adjektiv: *antīquus, certus, clārus, bonus, amplus, opportūnus*. Übersetzen Sie die jeweilige Verbindung ins Deutsche.

7 Trennen Sie die Silben: beneficium, fenestra, medium, misericordia, poena, potentia.

8 Formulieren Sie die Betonungsregeln, die für die Aussprache folgender Adjektive gelten: necessārius, opportūnus, dīversus, dubius, antīquus, amplus.

9 Welche französischen und englischen Wörter leiten sich von folgenden lateinischen Wörtern her? rosa, solidus, scientia, servitium, silentium, īnstrūmentum, superbus, contentus, terra, urbānus, ventus, verbum.

10 Ergänzen Sie die fehlenden englischen Wörter in der Liste von Ü 3.

3 Der einfache Satz

I Im Deutschen und in den erwähnten Fremdsprachen ist der **Satz** die einfachste grammatisch vollständige Möglichkeit, eine Aussage über eine Person oder Sache zu treffen. Dasselbe gilt für das Lateinische. Der einfache Satz besteht aus einem **Subjekt** (Satzgegenstand) und einem **Prädikat** (Satzaussage). Das Subjekt ist eine Person oder Sache, über die eine Aussage in Form eines Prädikats gemacht wird. In den folgenden Beispielsätzen besteht das Subjekt aus einem Substantiv (Hauptwort) im Nominativ (1. Fall), das Prädikat aus einem ebenfalls im Nominativ stehenden Substantiv oder Adjektiv (Eigenschaftswort), das als **Prädikatsnomen** bezeichnet wird, und einem Verb (Tätigkeitswort), das Subjekt und Prädikatsnomen verbindet und daher auch **Kopula** (Band, Verbindung) heißt.

Beispiel:	Amīcus	est fīdus.
	Der (ein) Freund	ist zuverlässig.

In diesem Falle ist also das Substantiv *amīcus* „der (ein) Freund" das Subjekt, über das mit dem Prädikat *est fīdus* „ist zuverlässig" eine Aussage gemacht wird.
Da es im Lateinischen keinen Artikel gibt, kann *amīcus* sowohl „der Freund" als auch „ein Freund" heißen.
Der aus einem Subjekt und einem Prädikat bestehende einfache Satz kann durch andere Satzglieder erweitert werden. Zum Subjekt und zum Prädikatsnomen können **Attribute** (Hinzufügungen) treten, um diese genauer zu bestimmen. Ein Attribut kann ein Adjektiv sein.

Beispiele:	Amīcus bonus	est fīdus.
	Der (ein) gute(r) Freund	ist zuverlässig.
	Carolus	amīcus fīdus est.
	Karl	ist ein zuverlässiger Freund.

Ein Attribut kann auch ein Substantiv sein, das dann allerdings im Kasus (Fall) des Genitivs (2. Fall) steht und als **Genitiv-Attribut** bezeichnet wird.

Beispiel:	Historia	est magistra vītae.
	Die Geschichte	ist die (eine) Lehrmeisterin des Lebens.

L

1. Amīcus fīdus rārus est.
2. Fortūna caeca est.
3. Modestia est sīgnum sapientiae.
4. Invidia umbra glōriae est.
5. Misericordia est vitium animī.
6. Iūstitia est fundāmentum rēgnōrum.
7. Litterae sunt dīvitiae.

Ü

1 Lesen Sie die Sätze in L mehrmals laut und beachten Sie die korrekte Aussprache und Betonung der Wörter.

2 Stellen Sie sich Situationen und Lebenszusammenhänge vor, in denen die Aussagen der Sätze in L zutreffen könnten.

3 Welche Erfahrung und Einstellung liegt der Aussage des Satzes 5 in L zugrunde?

4 Inwiefern können *litterae* als *dīvitiae* gelten (Satz 7)?

5 Wie lautet der Gen. Pl. der Substantive *vitium, animus, littera*?

6 Setzen Sie den Satz *amīcus fīdus rārus est* in den Plural.

7 Bilden Sie von allen in L vorkommenden Substantiven, die dort nicht im Nom. Sg. stehen, den Nom. Sg.

8 Welche Bedeutung haben die Attribute für die Aussage der Sätze in L?

9 Nennen Sie die lat. Stammwörter zu l'histoire, le fondement, envy, la giustizia, reign, raro, le vice.

10 Auf welche lat. Wörter gehen die Fremdwörter Justiz, fundamental und Literatur zurück?

11 Übersetzen Sie die Sätze *Bonus amīcus rārus est* und *Modestia est sīgnum sapientiae* ins Französische und Englische.

12 Vergleichen Sie den lat. Genitiv mit der Bildung des Genitivs im Französischen und Englischen.

13 Übersetzen Sie die folgenden Wortverbindungen ins Französische und Englische: vitium animī, fundāmentum fortūnae, sīgnum iūstitiae, causa invidiae, umbra glōriae.

14 Vergleichen Sie einige Wörter der Lernvokabeln der Lektion 3 unter Berücksichtigung der Regeln für die Lautveränderung mit ihren französischen Entsprechungen.

15 Beachten Sie die Veränderung der Betonung englischer im Vergleich zu lat. und franz. Wörtern.

16 Nennen Sie einige englische Substantive auf -y, die sich von lat. Wörtern auf *-ia* herleiten.

17 Welche Wörter gehören zusammen? digne, l'exemple, extrême, la fortune, le fer, la figure, la grâce, intim, juste, la justice, la diligence, l'intelligence, religieux, long, la lune, le mal, le membre, la mémoire, commode, mort, le moment, la nature, la philosophie, public, le principe, quart, rare – dīgnus, exemplum, grātia, dīligentia, religiōsus, nātūra, lūna, extrēmus, figūra, ferrum, fortūna, momentum, prīncipium, rārus, quārtus, pūblicus, intimus, philosophia, intellegentia, malum, mortuus, memoria, membrum, longus, commodus, iūstus, iūstitia.

18 Nennen Sie zu einigen Wörtern der Übung 17 die englischen Entsprechungen.

4 Die dritte Person

I In der vorigen Lektion haben die Formen *es-t* und *su-nt* als Kopula zwischen Subjekt und Prädikatsnomen gedient, um einfache Sätze bilden zu helfen. Mit *es-t* und *su-nt* sind Aussagen über eine (dritte) Person oder Sache und über mehrere Personen oder Sachen gemacht worden. Die Endungen -t und -nt haben auch die Verben (Tätigkeitswörter), die nicht wie *es-t* und *su-nt* ein Subjekt und ein Prädikatsnomen verbinden, damit eine grammatisch korrekte Aussage zustande kommt, sondern eine – verhältnismäßig – selbständige Aussage über eine Person oder Sache ermöglichen.

Beispiel:	Bona causa	triumpha-t.
	Die (eine) gute Sache	triumphiert (siegt).

Allerdings ist es oft erforderlich, daß diese Verben durch weitere Satzglieder ergänzt werden, damit eine grammatisch und inhaltlich vollständige Aussage über eine Person oder Sache getroffen werden kann.

Beispiel:	Stultus timet	fortūnam.
	Der Dumme fürchtet	das Glück.

„Der Dumme fürchtet ...“ ist eine unzureichende und daher ergänzungsbedürftige Aussage über den Dummen. Man fühlt sich veranlaßt zu fragen: „Wen oder was fürchtet der Dumme?“ Die Antwort – und damit die notwendige Ergänzung der Aussage – kann dann lauten: „... das Glück.“ Ein Satzglied, nach welchem man mit „wen oder was“ fragt, bezeichnet man als **Ergänzung** oder **Satzergänzung im Akkusativ** (4. Fall) oder als **Akkusativ-Objekt**.

Wenn man nur die Worte „... fürchtet das Glück“ hörte, dann müßte man übrigens fragen: „Wer oder was fürchtet denn das Glück?“ Das Satzglied, das mit der Frage „wer oder was“ zu ermitteln ist, ist das Subjekt, von dem ausgesagt wird, „... fürchtet das Glück“. Nach dem Prädikat fragt man am besten mit „was tut (das Subjekt)“. Bei den Sätzen der vorigen Lektion wäre diese Art des Fragens jedoch nicht angebracht. Dort müßte man folgendermaßen vorgehen: Wenn man wissen möchte, wer (oder was) in dem Satz *amīcus fīdus rārus est* denn *rārus* ist, dann fragt man – grammatisch gesprochen – nach dem Subjekt. Nach dem Prädikat fragt man „wer oder was ist (das Subjekt)“.

L

1. Saepe summa ingenia in occultō latent.
2. Superflua nōn nocent.
3. Verba volant, scrīpta manent.
4. Vestīgia terrent.
5. Inter arma silent Mūsae.
6. Verba docent, exempla trahunt.
7. In oculīs animus habitat.
8. Aquila nōn capit mūscam.
9. Barba nōn facit philosophum.
10. Amīcī inveniunt viam et mūniunt.
11. Spruch auf einer Sonnenuhr: Ultima hōra latet.

superfluus überflüssig
volant sie fliegen
vestīgium Spur – *terrent* sie schrecken ab – *silent* sie schweigen
Mūsae die Musen, Göttinnen der Künste
habitat er, sie, es wohnt
aquila Adler – *mūsca* Fliege
barba Bart

Sonnenuhr. Inschriften auf Gebrauchsgegenständen, auf Denkmälern und an Gebäuden wurden in großen lateinischen Buchstaben ohne deutliche Trennung zwischen den einzelnen Wörtern geschrieben.
Das lateinische U hat die Form des V. Vgl. engl. W = VV.

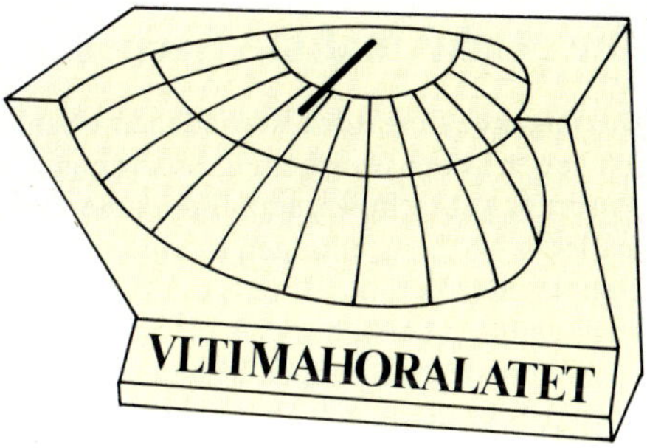

Ü

1. Bestimmen Sie die Satzglieder der Sätze in 3 L und 4 L.
2. Stellen Sie fest, welche Satzglieder der Sätze in 3 L und 4 L für eine im Sinne der Grammatik vollständige Aussage notwendig sind und welche Satzglieder zusätzliche Angaben bieten.
3. Bilden Sie von den Verbformen in L den entsprechenden Singular bzw. Plural.
4. Bestimmen Sie folgende Substantive nach Kasus und Numerus: ingeniōrum, via, fortūna, verba, oculum.
5. Woran erkennt man im Englischen und Französischen einen Akkusativ, der im Satz die Funktion eines Akkusativ-Objekts einnimmt?
6. Deklinieren Sie, d. h. bilden Sie die bisher bekannten Kasus: verbum, oculus, exemplum, causa.
7. Wie lauten die folgenden Beispiele für den *Ablātīvus locī* im Französischen und Englischen? in caelō, in familiā, in sīgnō, in mūrō, in fenestrā, in fundāmentō, in oculō.
8. Vergleichen Sie den lat. Genitiv und seine Funktion als Genitiv-Attribut mit der Bildung des Genitivs im Französischen und Englischen.
9. Übersetzen Sie die folgenden Wortverbindungen ins Französische und Englische: vitium animī, fundāmentum fortūnae, sīgnum iūstitiae, causa invidiae, umbra glōriae.

(10) Nennen Sie Beispiele für die mit 4 L 1 getroffene Aussage.

(11) Unter welchen Bedingungen trifft die Feststellung des Satzes 2 nicht zu?

(12) Was ist mit *vestīgia terrent* gemeint? Das „geflügelte Wort" nimmt auf eine alte Fabel Bezug: In einer Höhle liegt ein kranker Löwe, der einen Fuchs hereinzulocken versucht. Auf die Frage, warum er denn nicht hereinkomme, antwortet der Fuchs, er würde schon hereinkommen, wenn er nicht so viele Fußspuren sähe, die in die Höhle des Löwen hineinführten, während keine einzige wieder herausführe.

(13) In welchem Zusammenhang erhält 4 L 8 seinen Sinn?

(14) Nennen Sie Beispiele für Situationen, auf die die Aussage von 4 L 6 zutrifft.

(15) Verdeutlichen Sie den Sinn der Aussage in 4 L 9.

5 Die Sache und die Sachen

I Das folgende Lesestück ist wieder eine Sammlung von Sprichwörtern und Redensarten, mit denen Lebensweisheiten, Erfahrungen, Überzeugungen, Verhaltensregeln u. a. zum Ausdruck gebracht werden. Ihrer äußeren Form nach sind Sprichwörter und Redensarten lediglich Feststellungen (vermeintlicher) Tatsachen, nicht etwa Wünsche, Befehle, Gebote oder Verbote. Ihre Formulierung ist denkbar knapp. Ihre Einprägsamkeit wird noch dadurch verstärkt, daß sie mitunter aus gleich oder ähnlich klingenden Wörtern oder Wortwiederholungen bestehen. Klangähnlichkeit liegt z. B. schon dann vor, wenn zwei Wörter den gleichen Anfangsbuchstaben haben.

Beispiele: sīgnum sapientiae (3 L 3), verba volant (4 L 3), prīncipia parva (5 L 7).

Man nennt diese Erscheinung **Alliteration** (Stabreim).
Eine andere Möglichkeit zur Steigerung der Einprägsamkeit ist der **Gleichklang der Wortausgänge** von zwei oder mehr Wörtern oder andere Formen der **Klangähnlichkeit** (Paronomasie).

Beispiele: litt*erae* sunt dīvit*iae* (3 L 7)
verba vo*lant*, scrīpta ma*nent* (4 L 3)
ūs*us* est magister optim*us* (5 L 12)

Auch gleichartiger Aufbau mehrerer Satzglieder erhöht die Klangwirkung eines Satzes.

Beispiele: Verba docent, exempla trahunt (4 L 6),
domus propria, domus optima (5 L 10).

Diese Erscheinung heißt **Parallelismus**.
Man kann davon ausgehen, daß nicht nur Sprichwörter und Redensarten, sondern auch viele andere lateinische Texte keine beliebige oder zufällige Zusammenstellung einzelner Wörter sind. Sie sind vielmehr nach bestimmten Regeln geformte und gestaltete Kompositionen, die man verstehen muß, um zum vollen Verständnis von Form und Inhalt zu gelangen.

L

1. Vērum gaudium rēs sevēra est.
2. Fortūna rērum hūmānārum domina est.
3. Rem āctam agit.
4. Concordiā parvae rēs crēscunt.
5. Diēs diem docet.
6. Sine rē, sine fidē, sine spē.
7. Prīncipia rērum parva sunt.
8. Ēventus stultōrum magister est.
9. Manus manum lavat.
10. Domus propria est domus optima.
11. Ēventus in manū fortūnae est.
12. Ūsus est magister optimus.
13. Fidēs fundāmentum amīcitiae est.
14. Inter spem et metum.
15. In mediās rēs.

sevērus ernsthaft

āctus ausgeführt

lavat er, sie, es wäscht

medius (Adj.) in der Mitte liegend, eigentlich

In Neumagen an der Mosel hat man ein aus dem 2. Jh. n. Chr. stammendes Sandsteinrelief gefunden, das einen leibhaftigen römischen *magister* mit seinen Schülern zeigt. (Trier, Rhein. Landesmuseum)

Ü

1. Stellen Sie weitere Beispiele aus L für die Alliteration und die Paronomasie fest.

2. Suchen Sie nach Alliterationen in der deutschen Sprache.

3. Welche Bedeutung könnte die Alliteration – abgesehen von ihrer vereindringlichenden Wirkung – haben?

4. Deklinieren Sie *diēs, manus* und *rēs hūmāna.*

5. Bilden Sie den Akk. Pl. von *gaudium, domina, ēventus.*

6. Wie lauten die lateinischen Wörter, nach denen die folgenden Fremdwörter gebildet sind? human, Dozent, Prinzip, manuell, eventuell, Literatur, Signal, Justiz, Fundament, rar, verbal, Ingenieur, Okular, kausal, Exempel, Armee.

7. Stellen Sie die Substantive und Adjektive zu sinnvollen Verbindungen im Nom. Sg. zusammen. Beachten Sie die KNG-Kongruenz.
caecus, fīdus, rārus, stultus, bonus, summus, hūmānus, parvus, occultus, optimus und gaudium, rēs, fortūna, amīcus, domina, magister, vitium, rēgnum, fundāmentum, ūsus.

(8) Was bedeutet die Wendung *pro domō* reden? (Beachten Sie: *domus* bildet den Abl. Sg. auf *-ō*, obwohl es zur u-Deklination gehört).

(9) Was bedeuten *prō fōrmā* und *prō et contrā*?

(10) Übersetzen Sie *bonā fidē* und *malā fidē.*

11. Was ist ein Manu-skript, was ein *magister in spē*?

12. Welche deutsche Redensart entspricht der Aussage von L 3?

13. Nennen Sie das deutsche Sprichwort, das dem Gedanken von L 12 entspricht.

(14) „Durch Schaden wird man klug“ – In welchem lat. Satz aus L kommt dieser Gedanke zum Ausdruck?

6 Der stolze Dichter

I Der Dichter Martial hat seinen Stolz in der literarischen Gattung des **Epigramms** zum Ausdruck gebracht, in der Form, in der er viele Gedichte verfaßt hat, die das römische Leben widerspiegeln, verspotten, beklagen oder entlarven. „Epigramm“ bedeutet eigentlich „Aufschrift“ oder „Inschrift“. Es besteht meist aus einem sehr kurzen Text mit hoher Aussagekraft. Martials Epigramme bringen nicht nur Gefühle und Empfindungen gegenüber anderen Menschen zum Ausdruck; sie wollen auch Mißstände und ungewöhnliches menschliches Verhalten anprangern und lächerlich machen.

L

Laudat, amat, cantat nostrōs mea Rōma libellōs
mēque sinūs omnēs, mē manus omnis habet.
Ecce rubet quīdam, pallet, stupet, ōscitat, ōdit.
Hoc volŏ: nunc nōbīs carmina nostră placent.

sinus Tasche – *omnēs* alle *omnis* ganz, jeder – *rubet . . . ōdit* er ist rot, ist blaß, ist verblüfft, gähnt, haßt – *quīdam* jemand – *hoc volŏ* das will ich – *carmina* Lieder

E₁ Ein gewisser Quintus macht sich lächerlich

Thāïda Quīntus amat. Quam Thāïda? Thāïda luscam.
Ūnum oculum Thāïs nōn habet, ille duōs.

Thāïda Akk. d. Mädchennamens *Thāïs* – *quam* (Akk. Sg. des Femininums) welche *luscus* einäugig – *ille* jener

E₂ Der Besserwisser

Cōgit mē Titus āctitāre causās
et dīcit mihī saepe: „Magna rēs est.“
Rēs magna est, Tite, quam facit colōnus.

āctitāre causās Prozesse (zu) führen – *Tite* Anrede-Form (Vokativ) – *quam* die, welche *colōnus* Siedler

Ü

1 Beachten Sie vor allem die Pronomina:

a) Tē tua, mē mea dēlectant.
b) Mihī et tibī, nōbīs et vōbīs crēdit.

② Was bedeuten die Redewendungen:

inter nōs, tua rēs, mea culpa, vestra summa culpa, quid ad mē?

3 Verbinden Sie das Possessiv-Pronomen der 1. und 2. Person Sg. und Pl. mit folgenden Substantiven: animus, glōria, iūstitia, sīgnum, rēs, spēs, ūsus, domus, cōnsilium, vitium, scrīptum, verbum.

4 Übersetzen Sie: mea mēcum portō (ich trage, bringe).

5 Setzen Sie ein passendes Adjektiv ein:

a) Cōnsilium tuum . . . est.
b) Amīcus meus mihī . . . est.
c) Vīta nostra nōbīs . . . est.

6 Verwandeln Sie 5 a und b in den Plural.

7 Übersetzen Sie:

a) Mihī sunt magna gaudia.
b) Vōbīs nūlla est spēs.

8 Stellen Sie einige stilistische Besonderheiten in den Epigrammen des Martial fest.

⑨ Beschreiben Sie den gedanklichen Aufbau der Epigramme (Gliederung, Abfolge der Gedanken).

⑩ Mit welchen sprachlichen Mitteln wird der mit *quīdam* Bezeichnete von Martial charakterisiert?

⑪ Welches Gefühl zeigt der mit *quīdam* Bezeichnete für Martial?

⑫ Was könnte Titus (E 2) veranlaßt haben, Martial dazu aufzufordern, „Prozesse zu führen"?

13 Vergleichen Sie das französische mit dem lateinischen Possessivpronomen: *meus, mea, meum:* mon, ma; *meī, meae, mea:* mes; *noster, nostra, nostrum:* notre; *nostrī, nostrae, nostra:* nos; *tuus, tua, tuum:* ton, ta; *tuī, tuae, tua:* tes; *vester, vestra, vestrum:* votre; *vestrī, vestrae, vestra:* vos.

14 Geben Sie die lat. Entsprechungen an: la tua mano, la vostra speranza, il mio maestro, le nostre lèttere.

15 Übersetzen Sie ins Französische und Englische: amīcus meus, vīta nostra, manus mea, magistrī vestrī, spēs tua.

Wie das Zentrum des antiken Rom im 18. Jh. aussah, hat der italienische Kupferstecher Giovanni Batista Piranesi (1720–1778) in seinem Stich festgehalten.

Das Zentrum des antiken Rom

1 Jupitertempel auf dem südlichen Gipfel des Kapitolinischen Hügels *(Capitōlium).*
2 Burg *(arx)* auf dem nördlichen Gipfel des Kapitolinischen Hügels.
3 Saturntempel, der Aufbewahrungsort des Staatsschatzes; dahinter der Tempel des Vespasian sowie der Tempel der Eintracht *(concordia).* Hinter diesen beiden Tempeln erhebt sich das große Gebäude des Tabulariums, des römischen Staatsarchivs.
4 Rednerbühne (*rōstra,* von: *rōstrum* Schiffsschnabel), daneben der Triumphbogen des Kaisers Severus.
5 *Cūria.* Von dem zweiflügeligen Senatsgebäude blieb nur ein Teil erhalten.
6 *Basilica Iūlia.* Von Cäsar erbaut, wurde sie vornehmlich für Gerichtsverhandlungen verwendet. Davor Siegessäulen.
7 *Basilica Aemilia.* Der ältere Bau gegenüber der *Basilica Iūlia* stand ebenfalls für öffentliche Geschäfte zur Verfügung.
8 Tempel der Vesta. Hier hüteten die Vestalinnen das heilige Feuer.

Martial konnte wohl mit Recht stolz darauf sein, in einer so prächtigen Stadt wie Rom Berühmtheit erlangt zu haben. Es war ihm allerdings nicht möglich, seine Stadt aus der Vogelperspektive zu überblicken (s. rechte Bildseite). Die linke Bildseite zeigt eine Rekonstruktion der wichtigsten Plätze und Gebäude. Versuchen Sie, einige Gebäude auf der rechten Bildseite wiederzuerkennen.

7 Hans Dampf in allen Gassen

I Der Text des Lesestückes ist wieder ein Epigramm des Martial. Dieses Mal nimmt der Dichter einen gewissen Atticus aufs Korn, um ihn als *ardaliō*, als Hans Dampf in allen Gassen, zu entlarven. Diese Redensart wird übrigens von Joh. Agricola im 16. Jahrhundert folgendermaßen erklärt: „Er ist Hans ynn allen Gassen. Ein Steyn, den man hyn vnd wider waltzet, bewechst selten, also lernet nichts redliches, er gebe sich denn auff eines allein, vnd lerne das wol. Denn der ynn allen gassen wonet, der wonet vbel."

L

Dēclāmās bellē, causās agis, Attice, bellē,
historiās bellās, carmina bella facis,
compōnis bellē mīmōs, epigrammata bellē,
bellus grammaticus, bellus es astrologus,
et bellē cantās et saltās, Attice, bellē
bellus es arte lyrae, bellus es arte pilae.

Das letzte Distichon lautet dann:

Wenn du auch nichts gut machst, machst du trotzdem alles schön. Soll ich dir sagen, was du bist?
Magnus es ardaliō.

carmina Lieder - *mīmus* Posse - *epigrammata* Epigramme - *grammaticus* Sprachlehrer - *astrologus* Sternkundiger
arte lyrae . . . pilae aufgrund der Kunst des Lyraspieles . . . des Ballspieles

Nehmen wir an, der Angeredete gäbe alles zu, was Martial ihm vorwirft. Dann könnten seine Worte so lauten:

Dēclāmō bellē, causās agō bellē, historiās bellās, carmina bella faciō, compōnō bellē mīmōs, epigrammata bellē, bellus grammaticus, bellus sum astrologus, et bellē cantō et saltō bellē, bellus sum arte lyrae . . .

Wenn man mehrere Leute zugleich verspotten wollte, dann könnte man sagen:

Dēclāmātis bellē, causās agitis bellē,
historiās bellās, carmina bella facitis
et cētera.

Sollten diese Leute tatsächlich zugeben, daß sie zur Sorte des Hans Dampf in allen Gassen gehören, so könnten sie erwidern:

Dēclāmāmus bellē, causās agimus bellē,
historiās bellās, carmina bella facimus
etc.

Der sagenhafte Musiker und Sänger Orpheus war sicher kein Hans Dampf in allen Gassen. Er war aber ein so vollkommener Meister seiner Kunst, daß er sogar die Steine mit seinen Liedern zu rühren vermochte. So ist es nur verständlich, daß er spätere Künstler immer wieder zur Nachahmung und Darstellung seiner Person herausforderte. Der Holzschnitt, der Orpheus mit einer *lyra* zeigt, ist ein Werk von Gerhard Marcks (1889–1981)

Ü

1 Was haben die folgenden Sätze gemeinsam?
a) Sustinē et abstinē. b) Dīvide et imperā. c) Rogāte. d) Amō tē, amā mē. e) Audī, vidē, tacē.

2 Bilden Sie den Vokativ der lat. Eigennamen *Marcus, Paulus, Catullus, Phaedrus, Māximus.*

3 Ein lat. Lied beginnt mit der Zeile *venī, sāncte spīritus.* Wie beginnt das entsprechende deutsche Kirchenlied?

4 Wie lauten die 1. und 2. Person Sg. und Pl. der Verben *time-t, roga-t, fac-i-t, crēd-i-t.*

(5) Was könnte der Satz bedeuten?
Hīc Rhodus, hīc saltā.

6 Konjugieren Sie folgende Verben, d. h. bilden Sie die Formen folgender Verben, in der Reihenfolge 1., 2., 3. Pers. Sg. und 1., 2., 3. Pers. Pl.: sum, amō, veni-ō, time-o, triumphō, fac-i-ō, cap-i-ō.

7 Wie lautet das Adverb zu *vērus, occultus, stultus, certus*?

8 Vergleichen Sie die Adverbbildung im Französischen und Englischen (z. B. certē, certainement, certainly).

9 Welche „Regeln für Lautveränderungen ...“ treffen auf die Unterschiede zwischen *sānctus* und saint, *vide-ō* und je vois zu.

10 Nennen Sie ein Beispiel für die Regel: „l vor Konsonant wurde im Französischen zu u vokalisiert“.

11 Lesen Sie den Text von L mehrfach laut. Wiederholen Sie die Texte aus 6 L.

(12) Woran ist zu erkennen, daß Martial sich über den Angeredeten lustig macht und seine Worte nicht etwa ernstmeint?

13 Welche Wirkung ruft der Autor durch das stilistische Mittel des Asyndeton hervor?

8 Irren ist menschlich

I Die bisher bekannten Formen des Verbs sind genau bestimmt hinsichtlich der **Person** und des **Numerus**, aber auch in ihrem **Modus** (Aussageweise), in ihrem **Tempus** (Zeit) und in ihrem **Genus verbī** (Aussagerichtung oder Diathese). Denn an einer Form wie z. B.

lauda-t er, sie, es lobt

ist zu erkennen, daß es sich um die 3. Person Singular handelt. Die deutsche Bedeutung gibt darüber hinaus zu erkennen, daß diese Form im *Modus* des **Indikativs** (Wirklichkeitsform), im *Tempus* des **Präsens** (Gegenwart) und im *Genus verbī* des **Aktivs** (Form der „aktiven" Handlung) über eine dritte Person Singular eine Aussage macht. Die Form *lauda-t* ist also die 3. Person Singular Indikativ Präsens Aktiv von einem Verb, das in seiner „unbestimmten" Form, die man **Infinitiv** nennt, *laudā-re* heißt. Es ist praktisch, lateinische Verbformen immer auf diese Weise und vor allem auch in der angegebenen Reihenfolge zu bestimmen.
Der Infinitiv ist jedoch keineswegs so unbestimmt, wie sein Name zu besagen scheint. Er ist zwar nicht nach Person, Numerus und Modus, wohl aber nach *Tempus* und *Genus verbī* bestimmt.

Beispiel: *errā-re* irren ist ein **Infinitiv Präsens Aktiv.**

L

1. Errāre hūmānum est.
2. Vincere est honestum, opprimere acerbum, pulchrum īgnōscere.
3. Culpā vacāre magnum est sōlācium.
4. Sapere audē.
5. Petere licet.
6. Accipere quam facere praestat iniūriam.
7. Multōs timēre dēbet, quem multī timent.
8. Rem oportet spectāre, nōn verba.
9. Quī tacet, cōnsentīre vidētur.
10. Arduum est rēs gestās scrībere.

sōlācium Trost

quem (Akk. Sg. *m.*) wen

quī (Nom. Sg. *m.*) wer
cōnsenti-ō ich stimme zu
vidētur er, sie, es scheint
arduus schwierig – *rēs gestae* Geschichte

Ü

1 Bilden Sie den Inf. Präs. Akt. zu *crēsc-ō, doce-ō, laudō, mane-ō, mūni-ō, sap-i-ō.*

2 Unterscheiden Sie die Infinitive von *veni-ō* und *fac-i-ō.*

3 Nennen Sie die 3. Pers. Sg. von *latē-re, cap-e-re* und *audī-re.*

4 Bestimmen Sie folgende Formen: latent, timēmus, nocēs, trahis, capitis, inveniō, agit.

5 Welche der folgenden Formen sind Verbformen: animō, fundāmentō, bonō, vitiō, triumphō, agō, doceō, prīncipiō, parvō, meō, nūllō, habeō, cantō.

6 Bestimmen Sie alle Formen aus Ü 5.

7 Übersetzen Sie die Redewendungen: vacāre rē, metū, armīs.

8 Vergleichen Sie *honestus* mit honnête, *audēre* mit oser und beschreiben Sie die Lautveränderungen.

9 Beschreiben Sie die stilistischen Besonderheiten in L 2, 6, 7, 8.

10 Bilden Sie einige deutsche Beispiele für den Chiasmus.

⑪ Versuchen Sie, mit Hilfe der Präfixe die Bedeutung folgender Wörter zu erschließen: ex-pōnere (*pōnere* stellen, legen), im-pōnere, con-venīre, ad-venīre, ob-stāre (*stāre* stehen).

12 Beachten Sie die Präfixe folgender Fremdwörter: im-ponieren, abs-tinent, ak-zeptieren, ab-norm, ab-sent, ad-dieren, Ad-jektiv, Ad-vokat, Af-finität, Kom-militone, Kom-mune, Kom-plice, kom-ponieren, Kon-kurrenz, Dis-kussion, dis-ponieren, Dissimilation, di-vidieren.

13 Stellen Sie einige englische Wörter zusammen, die in ihren Präfixen mit lat. Wörtern übereinstimmen.

⑭ Welche Bedeutung hat der Begriff „menschlich" *(hūmānus)* in 5 L 2 und 8 L 1?

⑮ Beurteilen Sie die aus L 3 sprechende Einstellung.

⑯ Der Zusammenhang, aus dem L 4 stammt, lautet etwa: „Warum schiebst du alles hinaus? Frisch gewagt ist halb gewonnen. Entschließ dich zur Weisheit! Fang an! Wer neu beginnen will, darf keine Zeit verstreichen lassen." Kant hat *sapere audē* folgendermaßen übersetzt: „Habe Mut dich deines eigenen Verstandes zu bedienen!" Er hat den Satz zum Wahlspruch der Aufklärung erhoben. Beurteilen Sie die Bedeutung des Satzes.

⑰ Erörtern Sie den Wahrheitsgehalt von L 6–9. Stellen Sie sich entsprechende Lebenssituationen vor.

Es ist schwierig, Geschichte zu schreiben. Daß es aber noch schwieriger war, die Bibel aus dem Griechischen und Hebräischen ins Lateinische zu übersetzen, wußte der heilige Hieronymus (348–420) nur zu gut. Albrecht Dürer (1471–1528) hat ihn bei der Arbeit beobachtet. Hieronymus hat den Anfang der Genesis bereits ins Lateinische übersetzt: *In prīncipiō creāvit Deus caelum et terram . . .*

9 Meister Böck

I Der folgende Text ist eine recht freie Nachdichtung eines Stückes aus „Max und Moritz" von Wilhelm Busch. Die beigefügte wörtliche Übersetzung zeigt, wie sehr sich die lateinische Fassung vom deutschen Originaltext unterscheidet. Es kommt nun nicht darauf an, alle Einzelheiten des lateinischen Textes zu verstehen. Die Aufmerksamkeit sollte sich vielmehr auf die Verben richten. Denn diese lassen eine neue grammatische Form erkennen, die sich von den bisher bekannten Formen des Indikativ Präsens Aktiv besonders durch die vor der Endung eingeschobene Buchstabengruppe *-ba-* bzw. *-eba-* unterscheidet. Das ist das Kennzeichen für das Tempus **Imperfekt**, mit dem ein Geschehen ausgedrückt wird, das sich aus der Sicht des Berichtenden oder Erzählenden in der **Vergangenheit** abspielte, ohne daß sein Anfang und Ende ins Auge gefaßt werden. Der Meister Böck übte seine segensreiche Tätigkeit aus der Sicht des Erzählers in einer nicht genau bestimmten Vergangenheit und viele Jahre lang aus. Selbst nachdem Max und Moritz für ihre Streiche längst gebüßt hatten, war Böck immer noch damit beschäftigt, seinen Lebenszweck zum Wohle seiner Gemeinde zu erfüllen. Die Geschichte, von der Meister Böck das Magendrücken kriegte, war im Verhältnis dazu eine kurze Episode. Man vergleiche den Anfang vieler Märchen: „Es war einmal ein König und eine Königin, die lebten in Frieden miteinander und hatten zwölf Kinder, das waren aber lauter Buben ..." Und dann geschah plötzlich etwas, das dieses Leben veränderte.

L

Erat, quī sīc omnibus
prōvidēbat vestibus:
Hic amictūs vel in fāstōs
faciēbat vel nefāstōs;
vestīmenta cōnficiēbat,
resecābat, sarciēbat,
magnā cūrā reficiēbat
neque indole carēbat.
Quā rē cumque quis egēbat,
hanc perītē affīgēbat.
Opifex hic igitur
māximē dīligitur.

quī (Nom. Sg. m.) der, welcher
omnibus vestibus für alle Kleidungsstücke – *amictus* Mantel
fāstī Feiertage
nefāstī Werktage
resecāre kürzen – *sarcīre* flicken
indole (Abl. Sg.) Talent
quā rē cumque (Abl. Sg.) welche Sache auch immer – *hanc* (Akk. Sg.) diese (Sache)
opifex Meister
dīligitur er wird geliebt

Wörtliche Übersetzung

Es war einmal ein Mann, der so für alle Kleidungssachen sorgte: Er machte Mäntel sowohl für Feiertage als auch für Werktage; er stellte Kleidungsstücke her, kürzte sie, flickte sie, erneuerte sie mit großer Sorgfalt und ließ es an Talent nicht fehlen. Welche Sache auch immer jemand brauchte, nähte er fachkundig an. Dieser Meister wird also besonders geliebt.

Jedermann im Dorfe kannte
Einen, der sich Böck benannte.
Alltagsröcke, Sonntagsröcke,
Lange Hosen, spitze Fräcke,
Westen mit bequemen Taschen,
Warme Mäntel und Gamaschen –
Alle diese Kleidungssachen
Wußte Schneider Böck zu machen. –
Oder wäre was zu flicken,
Abzuschneiden, anzustücken,
Oder gar ein Knopf der Hose
Abgerissen oder lose –
Wie und wo und was es sei,
Hinten, vorne, einerlei –
Alles macht der Meister Böck,
Denn das ist sein Lebenszweck. –
Drum so hat in der Gemeinde
Jedermann ihn gern zum Freunde. –

Ü

1 Lesen Sie die Übersicht in G 2.

2 Setzen Sie die Imperfektformen in L in den Plural.

3 Wie lauten die Verbformen von L in der 3. Pers. des Ind. Präsens Akt.?

4 Konjugieren Sie nebeneinander *provide-ō* und *prōvide-ba-m*, *cōnfic-i-ō* und *cōnfic-i-ēba-m*.

5 Beschreiben Sie die Funktion der Ablative in L.

6 Übersetzen Sie:

a) Magnā cūrā vestīmenta faciēbat.
b) Magnā cūrā carēbās.
c) Amīcīs fīdīs carēbant.
d) Metū nōn carēbam.
e) Invidiā carēbātis.
f) Egēbāmus rēbus secundīs.

7 Bestimmen Sie die Bedeutung der Ablative in Ü 6.

8 Nach welcher Regel ist le vêtement gebildet?

9 Was bedeuten *re-cipere* (von *capere*) und *re-petere*?

10 Nennen Sie einige Fremdwörter, die mit dem Präfix re- gebildet sind.

10 Tagesbeginn eines Römers

I

Zu den berühmtesten literarischen Werken des Plinius gehört die Sammlung seiner Briefe. Sie behandeln Themen des öffentlichen und privaten Lebens und waren von vornherein zur Veröffentlichung bestimmt. Die folgenden Texte (10 L und 11 L) stammen aus einem derartigen Brief, der an einen Freund des Plinius gerichtet ist. Dieser hatte Plinius gefragt, wie er seine Sommertage auf dem Lande einteile.

L

Ēvigilō plērumque circā hōram prīmam,
saepe ante, tardius rārō.
Clausae fenestrae manent.
Mīrē enim silentiō et tenebrīs
ā rēbus externīs abductus
et līber et mihī relictus
nōn oculōs animō, sed animum oculīs
sequor.
Notārium vocō et diem admittō.
Quae fōrmāveram, dictō;
abit rūrsusque revocātur
rūrsusque dīmittitur.

ēvigilō ich wache auf
tardius später
clausus geschlossen
mīrē wundervollerweise
tenebrae Dunkelheit
externus der, die, das äußere
abductus entfernt – *relictus* überlassen

notārius Stenograph
quae fōrmāveram was ich entworfen hatte
abit er geht weg

Ü

1 Übersetzen Sie die Sätze und beachten Sie vor allem die Formen des Passivs (Ind. Präs. Pass.):

a) Tua rēs agitur.
b) Vestīmenta magnā cūrā reficiuntur.
c) Amīcus certus in rē incertā cernitur.
d) Rumpitur[1] invidiā.

2 In welcher Situation kann es angemessen sein, jemandem Ü 1 a zu zitieren? In seinem ursprünglichen Zusammenhang lautete der Satz etwa: „Es geht um deine eigene Sicherheit, wenn die Wand deines Nachbarn brennt".

3 Nennen Sie eine deutsche Redensart, die dem Sinn von Ü 1 d entspricht.

4 Bestimmen Sie die Funktion der Ablative in Ü 1 c und d.

5 Konjugieren Sie folgende Verben im Ind. Präs. Akt. und Pass.: dīvidere, rogāre, compōnere, accipere, opprimere, invenīre.

6 Beachten Sie die Bedeutung der Präfixe der Verben aus Ü 5.

7 Beschreiben Sie stilistische Besonderheiten des Textes in L.

8 Bestimmen Sie die Wortarten der Lernvokabeln zu Lektion 10.

1) *rumpere* zerreißen

E Ein Epigramm des Martial

Tongiliānus habet nāsum, sciŏ, nōn egŏ. Sed iam nīl praeter nāsum Tongiliānus habet.

nāsus Nase – *scīre* wissen
ego ich – *iam nīl* nichts weiter
praeter außer

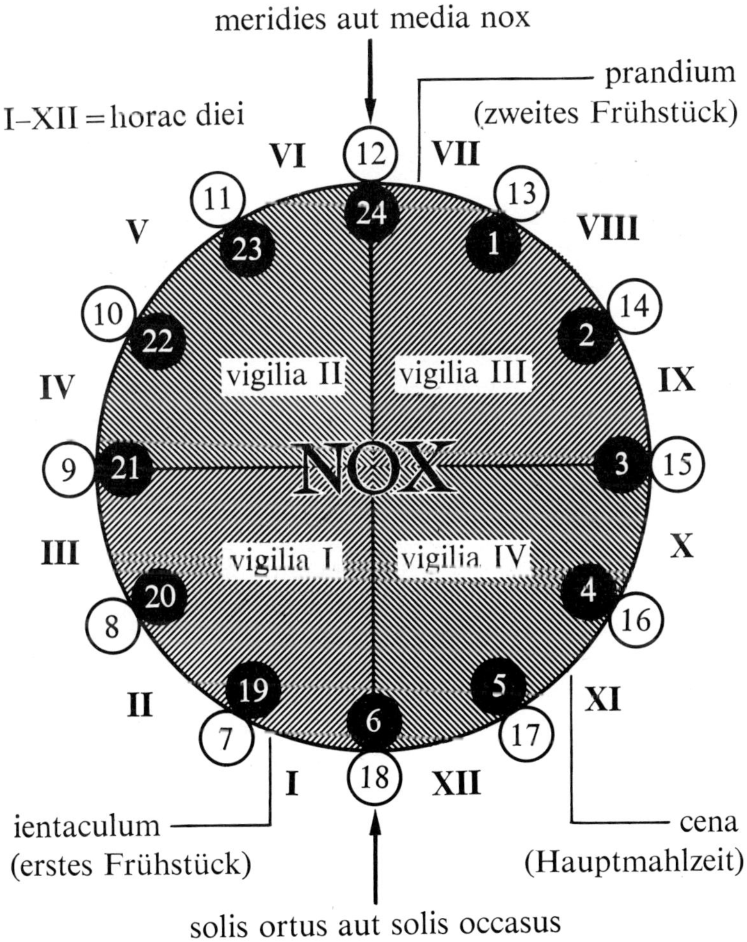

Die Römer teilten die Zeit von Sonnenaufgang bis -untergang in 12 gleiche Einheiten *(hōrae)*. Die Nacht hatte vier Abschnitte *(vigiliae)*. Die XII *hōrae* und die IV *vigiliae* hatten im Sommer und im Winter verschiedene Länge; festgelegt war lediglich die abgelaufene 6. Stunde des Tages und der Nacht (= Mittag und Mitternacht).

11 Nach dem Aufstehen

I Bei Tisch – so berichtet Plinius seinem Freunde Fuscus – läßt er sich, wenn seine Frau oder einige seiner Freunde dabei sind, aus einem Buch vorlesen. Nach dem Essen schaut er sich eine Komödie an oder hört Musik. Dann macht er einen Spaziergang mit Bekannten, unter denen sich, wie Plinius hervorhebt, gebildete Leute befinden. Mit abwechslungsreichen Gesprächen vergeht der Abend. Manchmal macht er auch einen Ausflug zu Pferde. Es kann auch vorkommen, daß ihn Freunde aus den Nachbarorten besuchen. Zuweilen geht er auf die Jagd, doch nicht ohne Schreibtafel, um wenigstens etwas, ein paar gute Gedanken oder Skizzen, mit nach Hause zu bringen, wenn er nichts gefangen hat. Aber ehe er dies erzählt, berichtet er noch über seine übliche Tageseinteilung.

L

Hōrā quārtā vel quīntā in xystum
mē vel cryptoporticum cōnferō,
reliqua meditor et dictō.
Vehiculum ascendō.
Ibī quoque idem faciō.
Paulum dormiō, deinde ambulō.
Mox librum Graecum Latīnumve legō.
Iterum ambulō, ungor, exerceor, lavor.
Inter cēnam liber legitur.
Post cēnam comoedus aut lyristēs.
Mox cum meīs ambulō.
Ita variīs colloquiīs
vespera extenditur.

xystus Terrasse
cryptoporticus Säulengang
mē cōnferō ich begebe mich
vehiculum Fahrzeug
idem (Akk. Sg. *n.*) dasselbe
paulum ein Weilchen
ambulō ich gehe spazieren
Graecus griechisch – *Latīnus* lateinisch – *ung-o-r* ich lasse mich massieren
comoedus Schauspieler
lyristēs Lautenspieler
colloquium Gespräch
vespera Abend – *extendere* verbringen

Ü

1 Übersetzen Sie die folgenden Sätze und beachten Sie die Formen des Passivs:

a) Honestum est laudārī ā laudātō[1] virō.
b) Et monēre et monērī proprium est vērae amīcitiae.
c) Sapientia vīnō obumbrātur[2]
d) Praestat dīligī[3] quam metuī.
e) Concordiā parvae rēs crēscunt, discordiā magnae dīlābuntur[4] (vgl. 5 L 4).
f) Nēmō[5] sine vitiīs nāscitur.
g) Et vincere et victōriā ūtī dēbēmus.
h) Glōria tamquam[6] umbra virum bonum sequī vidētur.

2 Unterscheiden Sie die Präpositionen hinsichtlich ihrer Bedeutung.

in silentiō, in librō, in vītā, in prīncipiō, in spē, ad ūsum, in armīs, ad arma, in scrīptīs, in viam, ad glōriam, in librum, in rēgnum, in oculīs, ad oculōs, in manibus, in rēbus, in rē bonā.

---

1) *laudātus* anerkannt 2) *obumbrāre* verhüllen 3) *dīligere* lieben 4) *dīlābī* zerfallen 5) *nēmō* niemand 6) *tamquam* wie

Mit einem römischen Reisewagen wie dem abgebildeten aus Virunum bei Maria Saal (Kärnten) konnte man beträchtliche Entfernungen zurücklegen. Postwagen schafften sogar bis zu 75 km pro Tag. Plinius benutzte sein *vehiculum* aber wohl nur für eine kurze Spazierfahrt.

[3] Verbinden Sie folgende Substantive mit Ordinalzahlen:

verbum, causa, exemplum, sīgnum, hōra.

[4] Nennen Sie einige deutsche Formulierungen (z. B. Sprichwörter), die man als Ellipsen bezeichnen kann.

[5] Wo und in welchem Zusammenhang werden lateinische Ordnungszahlen auch heute noch verwendet?

[6] Beachten Sie die Formen von *vidērī* (vgl. L):

a) Vehiculum ascendere vidētur. b) Idem facere videor.
c) Librum legere vidēris. d) Cum meīs ambulāre videntur.

[7] Vergleichen Sie *victōria* mit la victoire und la vittoria. Nennen Sie andere franz./ital. Wörter, die nach denselben Regeln von lat. Stammwörtern gebildet sind.

[8] Welche Wirkung wird durch die Antithesen (Oppositionen) in Ü 1 d und e hervorgerufen?

E

Dormī, Iēsū, māter rīdet,
quae tam dulcem somnum videt,
dormī Iēsū blandule.
Sī nōn dormīs, māter plōrat,
inter fīla cantāns ōrat:
Blande, venī, somnule.

māter Mutter – *rīdēre* lachen
quae (Nom. Sg. *f.*) die – *tam* so
dulcem (Akk. Sg.) süß
blandulus/blandus hold
sī wenn – *plōrāre* weinen
fīlum Faden – *cantāns* singend
somnulus = *somnus*

12 Enttäuschte Liebe

I

Gaius Valerius Catullus, wahrscheinlich 84–54 vor Chr., stammte aus Verona in Oberitalien. Sein Vater gehörte zu den angesehensten Bürgern dieser Stadt und hatte freundschaftliche Beziehungen zu Männern wie dem Konsul Metellus, dessen Frau Clodia der junge Catull leidenschaftlich liebte. Seine Gedichte auf Clodia, der er den Namen *Lesbia* gegeben hatte, stellen einen wesentlichen Teil seiner *Carmina* (Lieder, Gedichte) dar.
Das Gedicht, aus dem der Text des Lesestückes stammt, beginnt mit folgenden Worten (Übersetzung von Otto Weinreich):

Unseliger Catullus, laß die Narrheiten,
und was du siehst verlorn, laß verlorn gelten!
Dir glänzten einstmals Tage, leuchtend gleich Sonnen,
als du, wohin das Mädchen führte, nachfolgtest,
das du geliebt, wie keines wird geliebt werden.
Da gab es Scherze, Liebesspiele unzählig,
die dir gefielen und die ihr nicht mißfielen.
Dir glänzten wahrlich Tage, leuchtend gleich Sonnen.
Nun will sie nicht mehr – woll auch du nicht, Haltloser;
verfolg sie nicht, die flieht, und mach dich nicht elend:
mit hartgewordenem Sinne trags und sei standhaft!

L

Valē, puella. Iam Catullus obdūrat
nec tē requīret nec rogābit invītam.
At tū dolēbis, cum rogāberis nūlla.
Scelesta, vae tē! Quae tibī manet vīta?
Quis nunc tē adībit? Cui vidēberis bella?
Quem nunc amābis? Cuius esse dicēris?
Quem bāsiābis? Cui labella mordēbis?
At tū, Catulle, dēstinātus obdūrā.

obdūrāre standhaft sein
vae tē! wehe dir!
bāsiāre küssen – *labellum* Lippe
mordēre beißen
dēstinātus fest entschlossen

Ü

[1] Beachten Sie die Formen des Futur:
a) Īgnōrāmus et īgnōrābimus.
b) Servā mē, servābō tē.
c) Fāta virum servābunt.

[2] Konjugieren Sie *īgnōrō et īgnōrābō.*

(3) Nennen Sie ein deutsches Sprichwort, das Ü 1 b entspricht.

[4] Verwandeln Sie die Sätze Ü 1 a und c in den Singular, 1 b in den Plural.

[5] Bilden Sie das Futur in allen Formen von *sequī, meditārī* und *exercērī.*

[6] Verbinden Sie das Interrogativ-Pronomen mit den Substantiven:
puella, hōrā, ā rēbus, in sīgnō, ex librīs, virī, viam.

Mädchen mit Parfümfläschchen.
Wandgemälde aus der Villa Farnesina in Rom. (Rom, Thermenmuseum)

7 Verwandeln Sie die 2. Pers. Sg. Fut. in L in die 1. Pers.

8 Welche auffallenden stilistischen Besonderheiten weist der Text in L auf? Was bewirkt der Dichter mit diesen Stilmitteln?

9 Beachten Sie das Prädikativum und beschreiben Sie, worüber es eine Auskunft gibt.

a) Laetus vōs adībō.
b) Prīmus domum adeō.
c) Nōs invītōs adeunt.
d) Et līber et mihī relictus non oculōs animō, sed animum oculīs sequor (vgl. 10 L).
e) Laetōs nōs adit.
f) Puella laeta redit.

10 Fertigen Sie ein metrisches Schema von L an (12 G 6).

13 Der gesunde Mensch

I Der Verfasser des folgenden Lesestückes, Aulus Cornelius Celsus, hat ein Werk *Dē medicīnā* (Über die Medizin) geschrieben, in welchem er die Lebensweise des Menschen, die Pathologie, die Therapie, die Arzneimittel und die Aufgaben der Chirurgie aus der Sicht seiner Zeit (um 30 nach Chr.) beschreibt. Der Text ist dem Anfang dieses Werkes entnommen.

L

Sānus homō,
  quī et bene valet
  et in potestāte mentis est,
nūllīs obligāre sē lēgibus dēbet
ac neque medicō neque iatroliptā eget.
Sānī hominēs
varia habent vītae genera:
modo rūrī sunt, modo in urbe
saepiusque in agrō;
nāvigant, venantur, quiēscunt interdum,
sed frequentius sē exercent;
īgnāvia corpus hebetat, labor fīrmat;
illa mātūram senectūtem,
hic longam iuventūtem reddit.
Prōdest etiam
interdum balineō,
interdum aquīs frigidīs ūtī.
Sānō hominī expedit
nūllum genus cibī fugere,
  quō populus ūtitur.
Bonum est
interdum in convīctū esse,
interdum ā convīctū revocārī;
bis diē potius quam semel cibum capere,
et semper quam plūrimum.

sē obligāre sich unterwerfen – *iatroliptēs* Arzt, der durch Einreiben mit Salben heilt

rūrī auf dem Lande

saepius häufiger

venārī jagen – *interdum* mitunter

frequentius häufiger – *sē* sich

īgnāvia Trägheit – *hebetāre* entkräften – *fīrmāre* stärken – *illa (f.)* jene – *hic (m.)* diese(r)

balineum Bad

frigidus kalt

expedit es ist gut für

cibus Speise

convīctus Geselligkeit

bis diē zweimal am Tag

potius eher – *semel* einmal

quam plūrimum möglichst viel

Ü

1. Bilden Sie alle Kasus im Sg. und Pl. von *homō, corpus, labor.*

2. Deklinieren Sie im Sg. *mātūra senectūs* und *longa iuventūs.*

3. Bestimmen Sie folgende Formen nach Kasus und Numerus und nennen Sie jeweils den Nom. Sg.: medicī, aquam, senectūtī, corporibus, diēs, agrōrum, mente, urbium, dominō, nēmō, labōrem.

(4) Beschreiben Sie die Bedeutung der Ablative in L.

(5) Welche Funktion haben die Relativsätze in L und in Ü 7 a?

Eine Gruppe von Männern sitzt im Halbkreis um einen Leichnam. Einer von ihnen zeigt mit einem Stock auf die geöffnete Bauchhöhle des Toten. Diskutieren die Experten über die Todesursache?

6 Bringen Sie folgende Substantive und Adjektive in eine sinnvolle Beziehung zueinander. Beachten Sie das Genus der Substantive: senectūs, ager, ūsus, corpus, populus, urbs, homō - sānctus, varius, longus, māximus, summus, bellus, sānus.

7 Übersetzen Sie unter besonderer Berücksichtigung des Dativs:

a) Bonīs nocet, quī inīquīs adest. b) Prīncipiīs obstā![1] c) Epicūrus dīcit: egō nōn multīs, sed tibī. d) Nēmō potest[2] duōbus[3] dominīs servīre.

8 Welche stilistische Besonderheit liegt in Satz 7 c vor?

9 Welche Regeln gelten für die Lautveränderung von *mātūrus* zu mûr und von *sānus* zu sain?

10 Was könnten folgende Wörter mit dem Präfix in- bedeuten?

in-hūmānus, im-perītus, im-portūnus, in-animus, in-cūria, īn-fāmia.

---

1) *obstāre* entgegentreten 2) *potest* er kann 3) *duōbus Dat.* von *duō*

14 Liebe und Eifersucht

I

Der folgende Text gehört zu Catulls berühmtesten Gedichten. Es ist nach einem Lied der griechischen Dichterin Sappho (um 600 vor Chr.) gestaltet. Das griechische Lied, das Sappho an das Mädchen Agallis gerichtet hatte, lautet in der Übersetzung von U. von Wilamowitz-Moellendorff:

Der Mann macht mir den Eindruck, Götterkraft zu haben, der dir gegenübersitzt und in deiner Nähe auf deine süße Stimme, dein reizendes Lächeln hört. Das verstört mir wirklich das Herz in der Brust. So ich dich nur ein wenig ansehe, so bring ich keinen Ton heraus, sondern meine Zunge ist zerbrochen, ein feines Feuer läuft mir sofort unter der Haut hin; die Augen haben keine Sehkraft mehr; die Ohren sausen ... Zittern ergreift mich ganz; fahler bin ich als Gras. Wenig fehlt, daß ich den Eindruck einer Leiche mache, Agallis. Allein alles muß ertragen werden, wenn es einmal so weit ist ...

L

Ịlle mī̩ pār ẹsse deō̩ vidē̩tur,
ịlle, sī̩ fās ẹst, superā̩re, dī̩vōs,
quī̩ sedē̩ns advẹrsus idẹntidẹm tē
    spẹctat et aụdit
dụlce rī̩dentẹm, miserō̩ quod ọmnēs
ē̩ripịt sēnsū̩s mihī̆: nạm simụl tē,
Lẹsbia, ạdspēxī, nihil ẹst supẹr mī
    vō̩cis in ō̩re.
Lịngua sẹd torpẹt, tenuē̩s sub ạrtūs
flạmma dē̩mānạt, sonitū̩ suō̩pte
tịntinạnt aurē̩s, geminā̩ tegụntur
    lū̩mina nọcte.
Ō̩tiụm, Catụlle, tibī̩ molẹstum est:
ō̩tiō ẹxsultā̩s nimiụmque gẹstīs.
Ō̩tium ẹt rēgē̩s prius ẹt beā̩tās
    pẹrdidit ụrbēs.

mī mir
sī fās est wenn die göttliche Ordnung es zuläßt – *dīvus* göttlich
sedēns sitzend – *adversus tē* dir gegenüber – *identidem* andauernd
rīdēns lachend
adspēxī ich habe angesehen
est super mī ≈ *mihī superest*
torpēre gelähmt sein
tenuis zart – *artūs* Glieder
dēmānāre herabfließen
sonitus Dröhnen – *suōpte* ≈ *suō*
tintināre klingeln – *geminus* doppelt
molestus beschwerlich
exsultāre schwärmen
gestīre frohlocken
perdidit er, sie, es hat vernichtet

Ü

1 Beachten Sie die Sprachspielereien:
a) Amōre, mōre, ōre, rē iunguntur amīcitiae.
b) Sunt puerī puerī: puerī puerīlia[1] tractant[2].

2 Lesen sie 1 b als daktylischen Hexameter (vgl. Lektion 6).

3 Deklinieren Sie *omnis mōs* und *amor dulcis.*

4 Übersetzen Sie: a) Nūlla salūs[3] bellō; pācem[4] tē poscimus omnēs. b) Omnia aliēna sunt; tempus tantum[5] nostrum est. c) Nōn omnia possumus[6] omnēs. d) Omne nimium nocet. e) Omnia mea mēcum portō. f) Omnium rērum prīncipium difficile est.

---

1) *puerīlis* kindisch 2) *tractāre* betreiben 3) *salūs* Heil 4) *pāx* Friede 5) *tantum* nur 6) *possumus* wir können

Ob Catulls *puella* dem Mädchen aus der 2. Hälfte des 1. Jh. v. Chr. gleicht? (Berlin, Antikensammlung)

⑤ Übung zum Nachschlagen im Wörterbuch: Von den Frauen heißt es, sie seien *amābilēs, beneficae, castae, dēvōtae, ēlegantes, fidēlēs, grātae, humilēs, iūcundae, lēnēs, misericordēs, negōtiōsae, oboedientēs, prūdentēs, quaestuōsae, reverentēs, sapientēs, tacitae, vērae.* Suchen Sie die jeweils passende Bedeutung im Wörterbuch.

[6] Welche der in 5 vorkommenden Wörter gehören der konsonantischen Deklination an? Beachten Sie bei den Adjektiven die Zugehörigkeit zu den beiden Gruppen.

[7] Stellen Sie einige stilistische Besonderheiten in L fest.

⑧ Bestimmen Sie die Funktion der Ablative in L.

⑨ Stellen Sie fest, welche Wörter in L die Funktion eines Prädikativums haben (vgl. 12 G 5).

[10] Bei welchem Wort des Lernwortschatzes hat der Buchstabe n im Französischen zu einer Nasalierung des vorausgehenden Vokals geführt, der zugleich eine andere Klangfarbe erhalten hat?

[11] Nennen Sie ein Beispiel für die Regel, daß im Französischen c vor t zu i geworden ist.

⑫ Was bedeutet der folgende Hexameter? Tempora mutantur, nōs et mūtāmur in illīs.

⑬ Cicero klagt über die schlechten Zeiten: ō tempora, ō mōrēs.

⑭ Was bedeuten die Wendungen *cum tempore* (c. t.) und *sine tempore* (s. t.)?

⑮ Wenn jemand etwas ohne Vorbereitung schreibt oder vorträgt, tut er dies *ex*[1] *tempore*. Was könnte diese Wendung bedeuten?

[16] Welche stilistische Besonderheit weist der Ausspruch *vōx populī vōx deī* auf?

⑰ Was ist ein *prīmus inter pārēs*?

---

1) *ex* (m. Abl.) aus

15 Der zahme Delphin

I C. Plinius erzählt seinem Freund Caninius in einem Brief eine – wie er sagt – wahre Geschichte, die sich nur so anhöre, als sei sie erfunden. Der im Mittelmeerraum verbreitete Delphin ist in der Antike sehr häufig künstlerisch dargestellt worden; er galt als König der Meeresbewohner. Wegen seiner Wetterfühligkeit diente er den Seefahrern als Orientierungshilfe. Neben Einsicht und Klugheit schob man ihm auch Liebe zur Musik zu. Er wurde daher zum heiligen Tier des Gottes Apollo erklärt. Ein Delphin soll auch die Göttin Aphrodite *(Venus)* nach ihrer Geburt an Land getragen haben.

L

Est in Āfricā Hippōnēnsis colōnia marī proxima.
Omnēs hīc incolae piscantur, nāvigant atque
etiam natant, māximē puerī.
Hīs glōria et virtūs est altissimē prōvehī;
victor est ille, quī longissimē prōvehitur.
Hōc in certāmine puer quīdam
in mare altum natābat.
Incolae Hippōnēnsēs aliquandō vident
delphīnum occurrere
et nunc praecēdere puerum, nunc sequī,
nunc circumīre, postrēmō subīre,
dēpōnere, iterum subīre
trepidantemque portāre prīmum in mare altum,
mox flectere ad lītus,
reddere puerum terrae et sociīs.
Serpit per colōniam fāma.
Audīmus omnēs concurrere,
puerum tamquam mīrāculum aspicere,
dēclāmāre, narrāre.

Hippōnēnsis hipponensisch (*Hippō* Stadt in Numidien)
colōnia kleine Stadt – *incola* Einwohner – *piscārī* fischen
natāre schwimmen

altissimē besonders weit – *prōvehī* hinausschwimmen
longissimē am weitesten – *quīdam* ein bestimmter

delphīnus Delphin – *occurrere* heranschwimmen

praecēdere (m. Akk.) vorausschwimmen
circumīre umkreisen – *subīre* auf den Rücken nehmen
trepidāns zitternd

serpere kriechen

mīrāculum Wunder

Ü

1. Beachten Sie die Verben, von denen der A. c. i. abhängig ist:
   a) Dīcimus fortūnam caecam esse.
   b) Scīmus tē ab amīcō docērī.
   c) Statuō etiam capillum[1] ūnum habēre umbram.
   d) Intellegunt hominēs fāmam necāre[2] virum.
   e) Historiam magistram vītae esse vidētis.

2. Verwandeln Sie die Sätze aus 3 L und 4 L in Objektsätze.

---

1) *capillus* Haar 2) *necāre* töten

Das Bild des Tauchers, der gerade mit einem eleganten Sprung ins Wasser springt, ist in den Jahren 480–470 v. Chr. in Paestum gemalt worden. (Paestum, Museum)

[3] Unterscheiden Sie die Bedeutung von *ille* und *hic* in folgenden Sätzen:

a) Q. Catulus nōn antīquō illō mōre, sed hōc nostrō ērudītus est[1].

b) Philosophia, non illa dē natūrā, quae fuerat[2] antīquior[3], sed haec, in quā dē bonīs rēbus et malīs dēque hominum vītā et mōribus disputātur[4], ā Sōcrate inventa est[5].

(4) Beschreiben Sie den grammatischen Aufbau des Satzes 3 b, indem Sie Hauptsatz und Gliedsätze unterscheiden und die Satzglieder bestimmen.

[5] Was bedeuten *haec urbs, hic diēs, hoc tempus* im Vergleich mit *illa urbs, ille diēs, illud tempus*?

[6] Bilden Sie einige englische Beispiele für die Verwendung des Infinitivs nach Verben der Wahrnehmung, des Zulassens und Veranlassens.

E

Quid? Tū īgnōrās arborēs magnās
diū crēscere, ūnā hōrā exstirpārī?
Stultus est, quī frūctūs arborum spectat,
altitūdinem nōn mētītur.
Sieh zu, daß du, wenn du hinaufzusteigen versuchst, nicht mit den Ästen, an denen du dich festhältst, in die Tiefe stürzt!

arbor Baum
exstirpāre entwurzeln
altitūdō (vgl. *altus*) Höhe
mētīrī messen

---

1) *ērudītus est* er ist ausgebildet worden 2) *fuerat* er, sie, es war gewesen 3) *antīquior* älter 4) *disputāre* erörtern 5) *inventa est* ist erfunden worden

16 Der Delphin - ein öffentliches Ärgernis

L

Posterō diē hominēs obsīdere lītus,
prōspectāre mare cernimus.
Natāre puerōs vidēmus, inter hōs illum,
sed cautius.
Delphīnum rūrsus ad tempus adesse,
rūrsus ad puerum natāre sentīmus.
Fugere illum cum cēterīs animadvertimus.
Delphīnum exsilīre, mergī
variōsque orbēs implicāre cognōscimus.
Hoc alterō diē, hoc tertiō,
hoc plūribus;
hominēs dēnique timōris pudōre
capiuntur.
Accēdunt et allūdunt et appellant delphīnum, tangunt etiam.
Crēscit audācia experīmentō.
Māximē puer, quī prīmus expertus est,
adnatat delphīnō, īnsilit tergō,
agnōscī sē, amārī putat, amat ipse;
neuter timet, neuter timētur;
huius fīdūcia, mānsuētūdō illīus augētur.
Convenīre undique ad spectāculum hominēs vidēmus.
Postrēmō locus ipse
quiētem suam sēcrētumque perdēbat.
Cōnstituunt igitur magistrātūs delphīnum interficere.

posterus der folgende
prōspectāre beobachten
natāre schwimmen
cautius (Adv.) vorsichtiger
exsilīre herausspringen
mergere eintauchen
implicāre verknüpfen
tertius der dritte
allūdere sich spielend nähern
experīmentum Versuch
expertus est er hat versucht
adnatāre hinschwimmen
īnsilīre springen auf
agnōscere wiedererkennen
ipse selbst
neuter keiner von beiden
fīdūcia Zutrauen - *mānsuētūdō* Zutraulichkeit
spectāculum Schauspiel
sēcrētum Abgeschiedenheit

Ü

1 Übersetzen Sie:

a) Cicerō dīcit amīcum certum in rē incertā cernī.
b) Māximum remedium[1] īrae moram[2] esse Seneca in dialogō[3] dē īrā scrībit.
c) Nōs aliēna vitia in oculīs habēre, ā tergō nostra esse Seneca exīstimat.
d) Aristotelēs putat omnēs ingeniōsōs[4] melanchōlicōs[5] esse.

---

1) *remedium* Heilmittel 2) *mora* Aufschub 3) *dialogus* Dialog 4) *ingeniōsus* scharfsinnig 5) *melanchōlicus* trübsinnig

e) Doctum in sē semper dīvitiās habēre Phaedrus in fābulārum[1] librō docet.
f) Seneca statuit inīqua rēgna numquam diū manēre.
g) Īram Ennius initium esse dīcit iniūriae.
h) Cicerō virtūtem vītam efficere[2] beātam cernit.
i) Seneca videt nōs nōn vītae, sed scholae[3] discere[4].
k) Sōcratēs dīcit: Sciō mē nihil scīre.

2 Beachten Sie das Reflexiv-Pronomen:

a) Sōcratēs dīcit sē nihil scīre.
b) Multī nōn intellegunt sē nōn scholae, sed vītae discere.
c) Cicerō putat ā sē amīcum certum in rē incertā cernī.

3 Vergleichen Sie *alter* und autre mit *saltāre* und sauter. Formulieren Sie die Regel für die Lautveränderung.

4 Stellen Sie einige auffallende Stilmittel des Textes in L fest.

5 Geben Sie einige Beispiele für die Verwendung des Reflexiv-Pronomens im Englischen.

6 Welche Veränderung erfahren die Silben *-tās* und *-itia* im Französischen?

E Das Ohr des Marius

Auriculam Mariō graviter mīrāris olēre. Tū facis hoc: garrīs, Nestor, in auriculam.

auricula ≈ *auris*
graviter heftig – *olēre* stinken
garrīre schwatzen

---

1) *fabula* Fabel 2) *efficere* machen, werden lassen 3) *schola* Schule 4) *discere* lernen

Die griechische Münze zeigt, wie ein Junge auf einem Delphin reitet. Offensichtlich war das von Plinius dargestellte Ereignis nicht ganz ungewöhnlich.

17 Sprichwörter und Redensarten

I Schon in früheren Lektionen waren Sprichwörter und Redensarten Gegenstand des Nachdenkens. Sie dienten zugleich der Einführung in Besonderheiten der lateinischen Sprache. Man sollte darüber aber nicht ihre Bedeutung auch für unsere Lebens- und Weltanschauung vergessen. Für diejenigen, die diese Sprichwörter geprägt und mit ihnen gelebt haben, waren sie Ausdruck persönlicher Erfahrung; für die Späteren sind sie eine wertvolle Orientierungshilfe. Denn es geht hier in aller Regel um alltägliche, nicht um außergewöhnliche Situationen.

L

1. Apertum est in oculīs animum habitāre.
2. Invidiam umbram glōriae esse cōnstat.
3. Iūstitiam esse fundāmentum vītae hūmānae appāret.
4. Manifēstum est lūxum et lūxuriam odium parere.
5. Mortuōs vīvōs docēre cōnstat.
6. Multōs plūs docēre quam scīre prōverbium est.
7. Rem oportet spectārī, nōn verba.
8. Vērum est avāritiam omnia vitia habēre.
9. Fāma est omnia vincere amōrem.

habitāre wohnen

manifēstus handgreiflich

prōverbium Sprichwort

Ü

[1] Welchem Satzglied entspricht der A. c. i. in folgenden Sätzen?

a) Aequum est vitiīs veniam[1] nōn modo poscere, sed etiam reddere.
b) Barbam[2] nōn facere philosophum apertum est.
c) Bonam causam triumphāre cōnstat.

[2] Übersetzen Sie alle Sätze aus L und Ü mit einem Subjektsatz.

[3] Machen Sie den A. c. i. in allen Sätzen aus L und Ü zu unabhängigen Aussagen.

(4) Bestimmen Sie die Funktion des Dativs in Ü 1 a und nennen Sie seine Bezeichnung.

[5] Beachten Sie das Stilmittel der Metapher in L.

[6] Wiederholen Sie die Deklinationsklassen. Deklinieren Sie im Sg. und Pl. folgende Substantive und Adjektive: vir acerbus, causa nostra, rēs aliēna, summum bonum, manus parva, ūsus proprius, vēra fidēs, gaudium māximum, lītus proximum, vōx dulcis, rēx miser, tempus beātum.

---

1) *venia* Verzeihung 2) *barba* Bart

7 Bestimmen Sie folgende Formen: abdūcunt, abstinēbant, accipit, adībit, admittet, affigit.

8 Bilden Sie die entsprechenden Passiv-Formen: agit, amābō, ascendit, cernunt, compōnis, cōnficiētis.

9 Wie lauten die Infinitive des Präsens im Aktiv und Passiv zu *crēdō, dēclāmō, dēlectō, dictō, dīmittō*?

10 Erläutern Sie die Lautveränderung bei l'avarice und l'avarizia. Beachten Sie die einschlägigen Regeln.

(11) Nennen Sie Beispiele für die Wortausgänge und -endungen aus der Übersicht in G 3.

E Ewige Armut

Semper pauper eris, sī pauper es, Aemiliāne.
Dantur opēs nūllīs nunc nisī dīvitibus.

pauper arm

Wie die Toten die Lebenden belehren können, veranschaulicht die Inschrift auf einem Grabstein des 1. Jh. v. Chr. Man hat diesen an der Via Nomentana in Rom gefunden.
Im Text dieser Inschrift werden die Vorzüge und Verdienste der Verstorbenen als vorbildlich gepriesen. (London, British Museum)

18 Die Ausbildung der Druiden

I Gallien *(Gallia)*, seit Cäsar das Land zwischen Rhein, Ozean, Pyrenäen, Mittelmeer und Alpen, gehört zu den wichtigsten römischen Provinzen. Erst im Jahre 51 vor Chr. gelang Cäsar mit der Schlacht gegen den Gallierfürsten Vercingetorix bei Alesia die endgültige Unterwerfung des Landes. Damit waren nicht zuletzt auch die äußeren Bedingungen für die Verbreitung und Fortentwicklung der lateinischen Sprache in Westeuropa (vgl. Lektion 1) geschaffen. Die Druiden, die Priester der Gallier, verkörperten jedoch weiterhin den nationalen Widerstand gegen die Romanisierung ihres Landes. Sie bildeten einen eigenen Stand mit besonderen Rechten und Pflichten. Ihre Hauptaufgabe war die Durchführung kultischer Handlungen und die Weissagung. Sie waren zugleich Richter, Heil- und Sternkundige. – Der Bericht über die Ausbildung der Druiden stammt von Cäsar, und zwar aus dessen Buch über den Krieg, den er zwischen 58 und 51 in Gallien geführt hatte *(Dē bellō Gallicō)*.

L

Druidēs ā bellō abesse solent
neque tribūta pendunt.
Tantīs excitātī praemiīs
et suā sponte
multī in disciplīnam conveniunt
et ā propinquīs mittuntur.
Druidēs magnum ibī numerum versuum
ēdiscere dīcuntur.
Itaque annōs nōnnūllī vīcēnōs
in disciplīnā manent.
Neque fās esse exīstimant
versūs litterīs mandāre;
in reliquīs rēbus,
pūblicīs atque prīvātīs,
Graecīs ūtuntur litterīs.
Id mihī Druidēs duābus dē causīs
īnstituere videntur:
neque enim in vulgus
disciplīnam prōpāgārī
volunt
neque puerōs litterīs cōnfīsōs
minus memoriae studēre.
Nam puerī praesidiō litterārum
dīligentiam ac memoriam
remittere exīstimantur.
Multa praeterea
dē rērum nātūrā disputant
et iuventūtī trādunt.

tribūta pendere Steuern zahlen
excitātus angespornt
propinquus Angehöriger
versus Vers
ēdiscere auswendig lernen
vīcēnī je zwanzig
fās Recht
id das
duābus dē causīs aus zwei Gründen
prōpāgāre verbreiten
volunt (mit A. c. i.) sie wollen
cōnfīsus (m. Abl.) vertrauend auf
dīligentia Sorgfalt

Ü [1] Vergleichen Sie die Sätze aus 16 Ü 1:

a) Amīcus certus in rē incertā cernī dīcitur.
b) Omnēs ingeniōsī melanchōlicī esse intelleguntur.
c) Doctus in sē semper dīvitiās habēre vidētur.
d) Inīqua numquam rēgna diū manēre exīstimantur.
e) Īra initium iniūriae esse putātur.

(2) Beschreiben Sie die Funktion der Ablative in L.

[3] Setzen Sie die Prädikate in L in das Imperfekt.

(4) Suchen Sie aus Ihrem Vokabelschatz nach Beispielen für die in G 2 aufgeführten Suffixe.

(5) Welche Bedeutung hat das Suffix *-tūs* in den Wörtern *iuventūs* und *senectūs*?

(6) Inwiefern bezeichnen *-ium* in *od-ium* und *-us* in *lūxus* eine „Tätigkeit" (G 2)?

(7) Nennen Sie einige Beispiele (Adjektive) für das Suffix *-tŭs* mit der Bedeutung „verbunden mit".

[8] Beachten Sie die Lautveränderung von *studēre* zu étudier. Nennen Sie weitere Beispiele.

Vienne, am linken Ufer der Rhone, wurde unter Augustus zur römischen Kolonie *(Vienna)*. Der Tempel des Augustus und der Livia wurde um 25 vor Chr. errichtet. Das Bauwerk diente im Mittelalter als Kirche und wurde im 19. Jh. restauriert.

19 Neid

I Wie sich Martial mit dem Text der Lektion 7 (7 L) über den „Hans Dampf in allen Gassen" lustig gemacht hat, so verspottet er mit dem folgenden Epigramm einen Menschen, der offensichtlich vor Neid ganz und gar vergeht, der vor Neid zu platzen droht.

L

Rumpitur invidiā quīdam, cārissime Iūlī,
quod mē Rōma legit, rumpitur invidiā.
Rumpitur invidiā, quod turbā semper in omnī
mōnstrāmur digitō, rumpitur invidiā.
Rumpitur invidiā, tribuit quod Caesar uterque
iūs mihi nātōrum, rumpitur invidiā.
Rumpitur invidiā, quod rūs mihi dulce sub urbe est
parvaque in urbe domus, rumpitur invidiā.
Rumpitur invidiā, quod sum iūcundus amīcīs,
quod convīva frequēns, rumpitur invidiā.
Rumpitur invidiā, quod amāmur quodque probāmur:
rumpātur, quisquis rumpitur invidiā.

quīdam jemand
cārissime Iūlī (Vokativ) liebster Julius
digitus Finger
Caesar uterque beide Kaiser (Titus und Domitian)
iūs nātōrum „das Recht der Kinder". Martial meint hier ein Recht, das verdienten Männern verliehen wurde, auch wenn sie kinderlos waren. Sie hatten dann die gleichen Rechte wie ein Familienvater mit drei Kindern.
convīva Gast
rumpātur er soll platzen
quisquis jeder, der

Ü

1 Bilden Sie die Formen des Aktivs und des Passivs im Indikativ Präsens und Imperfekt und im Futur von *rumpere, mōnstrāre, amāre, legere, probāre, accipere, cernere.*

2 Wie lautet der Infinitiv Präsens Passiv von den in 1 genannten Verben?

3 Welche Bedeutung hat das Imperfekt (vgl. 9 I) im Vergleich zum Präsens?

4 a) Welches Satzglied ist in Form eines Kausalsatzes zu einem Gliedsatz erweitert? Veranschaulichen Sie sich den Vorgang der Erweiterung von Satzgliedern zu Gliedsätzen mit Hilfe einiger deutscher Beispielsätze.
b) Welche Bedeutung erhält die Aussage des Hauptsatzes durch einen Kausalsatz?

(5) Bestimmen Sie die Funktion der Ablative in L.

6 Beschreiben Sie Form und Aufbau des Epigramms in L (vgl. 6 I).

(7) Welche Funktion haben die Dative in L?

8 Stellen Sie einige stilistische Besonderheiten in L fest.

9 Vergleichen Sie *probāre* und prouver. Formulieren Sie die Regel für die Lautveränderung.

(10) Was könnte *rumpere* mit folgenden Präfixen bedeuten?
ir-rumpere, cor-rumpere, dī-rumpere, ē-rumpere

Wenn man genauer hinsieht, kann man schon verstehen, weshalb jemand *(quīdam)* Martial darum beneidet hat, ein gern gesehener Gast *(convīva)* gewesen zu sein. Denn die Zecher des Wandgemäldes (5. Jh. v. Chr.) aus Tarquinia scheinen ihr Leben genossen zu haben wie auch später viele Menschen zur Zeit des Martial. (Tarquinia, Nationalmuseum)

11 Die Präposition *sub* dient auch als Präfix. Was bedeuten dann *sus-cipere (capere), sus-tinēre (tenēre), sub-īre, sub-igere (agere), sub-esse, sub-venīre*?

12 Übersetzen Sie *summum ius summa iniūria*. Welche stilistische Erscheinung weist der Satz auf?

13 Vergleichen Sie 19 L mit 6 L. Stellen Sie Übereinstimmungen fest.

14 Lesen Sie den Text unter Berücksichtigung seiner metrischen Form (6 G 1).

15 In einem größeren lat.-deutschen Wörterbuch sind für *praemium* u. a. folgende Bedeutungen angegeben: Vorteil, Vorrecht, Auszeichnung, Schmuck, Gewinn, Beutestück, Lohn, Belohnung, Preis, Strafe, Heldentat. Begründen Sie aus dem Zusammenhang von 18 L, welche Bedeutungsangaben dort zutreffen könnten und welche nicht.

E Der unbedeutende Cinna

Versiculōs in mē narrātur scrībere Cinna.
Nōn scrībit, cuius carmina nēmŏ legit.

versiculus zu *versus* Verschen
in = *contrā*

20 Die beiden Ranzen

I Das folgende Lesestück stammt von dem Fabeldichter Phädrus. Die Fabel dient der Darstellung einer verbreiteten Eigenschaft des Menschen: den Balken im eigenen Auge nicht zu sehen, aber den Splitter im fremden. Im Lukas-Evangelium heißt es (Luk. 6,42): „Du Heuchler, zieh zuerst den Balken aus deinem Auge; danach siehe zu, wie du den Splitter aus deines Bruders Auge ziehst."

L

Pērās imposuit Iūpiter nōbīs duās:
Propriīs replētam vitiīs post tergum dedit,
aliēnīs ante pectus suspendit gravem.
Hāc rē vidēre nostra mala nōn possumus;
aliī simul dēlinquunt, cēnsōrēs sumus.

pēra Ranzen – *duās* zwei
replētus gefüllt
possumus wir können
aliī andere

E₁ Der Arzt Diaulus

Nūper erat medicus, nunc est vispillŏ Diaulus:
quod vispillo facit, fēcerat et medicus.

nūper neulich
vispillo Totengräber
et = *etiam*

E₂ Die eitle Fabulla

Bella es, nōvimus, et puella, vērum est,
et dīves, quis enim potest negāre?
Sed cum tē nimium, Fabulla, laudās,
nec dīves neque bella nec puella es.

potest er kann

E₃ Der ergiebige Acker

Septima iam, Philerōs, tibi conditur uxor in agrō.
Plūs nūllī, Philerōs, quam tibi reddit ager.

septimus der siebte
nūllī Dat. Sg. von *nūllus*

E₄ Resignation

Egō iam prīdem cognōvī atque intellēxī
atque arbitror
rem publicam cūrāre indūstriē
summum perīculum esse.

prīdem längst
indūstriē mit Eifer

Die bildliche Darstellung aus dem Mittelalter knüpft an der in I zitierten Stelle des Lukas-Evangeliums an. Das Gleichnis wird ganz wörtlich genommen: Balken und Splitter stekken tatsächlich in den Augen der beiden Figuren. (Donaueschingen, Fürstl. Fürstenberg. Hofbibliothek)

Ü

1 Konjugieren Sie den Indikativ Perfekt und Plusquamperfekt Aktiv von *impōnere, dare* und *suspendere*.

2 Wie lautet der Infinitiv Perfekt Aktiv zu *impōnere, dare* und *suspendere*?

3 Nennen Sie die Formen des Indikativ Präsens Aktiv zu folgenden Perfektformen:

latu-ērunt, timu-it, nocu-istī, vocāv-istis, māns-it, oportu-it, peper-ī, docu-istī, dolu-ērunt, sustinu-it, trāx-istis, habu-istis, triumphāv-ī, crēv-ī, cēp-ērunt, fēc-ērunt, invēn-it, mūnīv-ērunt, oppress-it, mīs-it.

4 Übersetzen Sie die Redensarten.

a) Quod scrīpsī, scrīpsī.
b) Quod periit, periit.
c) Vēnī, vīdī, vīcī.

5 Eine Inschrift in Pompeji:

Labōrā, aselle (= Esel), quōmodo labōrāvī; prōderit (es wird nützlich sein) tibī.

6 Eine Grabinschrift:

Abiit atque abscessit[1] ac ad aliōs[2] agrōs āvolāvit[3].

⑦ Beachten Sie, welches Zeitverhältnis zwischen der Aussage/Handlung des übergeordneten Verbs und des Infinitivs besteht.

a) In prīncipiō fuisse verbum legimus.
b) Sē omnia sua sēcum (= bei sich) portāvisse Biās dīcit.

⑧ Versuchen Sie, anhand der Text- bzw. Satzbeispiele zu ermitteln, worin der Unterschied zwischen Imperfekt und Perfekt besteht.

9 Stellen Sie einige deutsche Beispiele für Temporal- und Modalsätze zusammen.

---

1) *abs-cēd-ō, abs-cess-ī* ich gehe fort 2) *aliōs* (Akk. Pl.) andere 3) *ā-volō, ā-volāv-ī* ich fliege weg

21 Untrügliche Zeichen des Alterns

I Der folgende Text stammt aus einem Brief Senecas an seinen Freund Lucilius. Der Autor hat insgesamt 124 *epistulae ad Lūcīlium* veröffentlicht. Er setzt sich in diesen Briefen mit allgemeinen Fragen des menschlichen Lebens auseinander, z. B. mit dem Wesen der Freundschaft, mit den Bedingungen eines glücklichen Lebens und mit den Beziehungen zu anderen Menschen. - Seneca meint überall zu erkennen, daß er alt geworden ist. Er ist über diese Tatsache jedoch nicht traurig, sondern nimmt sich vor, seine letzten Lebensjahre noch so gut es geht zu nutzen und zu genießen.

L

Quōcumque mē vertī,
argūmenta senectūtis meae videō.
Vēneram in suburbānum meum
et querēbar dē impēnsīs aedificiī
dīlābentis.
Ait vīlicus mihī
nōn esse neglegentiae suae vitium,
omnia sē facere,
sed vīllam veterem esse.
Haec vīlla inter manūs meās crēvit:
Quid mihī futūrum est,
sī tam putria sunt aetātis meae saxa?
Īrātus illī proximam occāsiōnem
stomachandī arripiō.
Appāret, inquam, hās platanōs neglegī:
nūllās habent frondēs.
Quam trīstēs et squālidī truncī!
Iūrat per genium meum
sē omnia facere,
in nūllā rē cessāre cūram suam,
sed illās vetulās esse.
Egō illās posueram,
egō illārum prīmum vīderam folium.
Conversus ad iānuam:
Quis est iste, inquam, iste dēcrepitus
et meritō ad ōstium admōtus?
Forās enim spectat.
Unde istum comparāvistī?
Quid tē dēlectāvit
aliēnum mortuum tollere?

quōcumque wohin auch immer
argūmentum Beweis
suburbānum Landgut (vor der Stadt)
impēnsa Kosten
dīlābēns baufällig
vīlicus Verwalter
neglegentia Nachlässigkeit
putris morsch - *saxum* Stein
īrātus zornig - *occāsiō* Gelegenheit
stomachandī zu grollen - *arripere* ergreifen - *inquam* sagte ich
platanus Platane - *frondēs* Laub
squālidus häßlich - *truncus* Stamm
per genium meum bei meinem Schutzgeist
cessāre unterbleiben
vetulus ziemlich alt
folium Blatt
conversus gewandt - *iānua* Haustür
dēcrepitus altersschwach
meritō mit Recht - *ōstium* Eingang
admōtus gestellt
forās nach draußen

Der Alte antwortet darauf:
„Erkennst du mich nicht?
Ich bin doch Felicio, der Kleine,
mit dem du immer gespielt hast."
Aber jetzt – fallen ihm schon
die Zähne aus.
Dēbeō hoc suburbānō meō,
quod mihī senectūs mea appāruit.

Ü ① Beachten Sie die unterschiedlichen Zeitebenen, auf denen sich das Dargestellte abspielt.

2 Stellen Sie einige stilistische Besonderheiten fest und beschreiben Sie ihre Funktion.

3 Verbinden Sie folgende Substantive mit Formen von *iste*: aedificium, vīlla, hominem, mortuōrum, medicum.

Es ist nicht ausgeschlossen, daß Seneca eine Villa im Stil der Abbildung besessen hat. Das Wandgemälde schmückte eine Wohnung in Stabiae am Golf von Neapel. (Stabiae, Antiquarium)

22 Der Aufstieg des Trimalchio

I Der Verfasser der folgenden Lesestücke ist Titus Petronius Arbiter. Die Texte stammen aus dem Schelmenroman *Satyricōn librī*. Die Gestalt des Trimalchio steht im Mittelpunkt der sogenannten *Cēna Trimalchiōnis* (Gastmahl des Trimalchio), aus der im folgenden einige Szenen dargestellt werden. Zunächst erzählt Trimalchio seinen Gästen von sich selbst.

L

Sed, ut coeperam dīcere,
ad hanc mē fortūnam frūgālitās mea
perdūxit.
Tam magnus ex Asiā vēnī,
quam hic candēlābrus est . . .
Cēterum, quemadmodum dī volunt,
dominus in domō factus sum,
et ecce cēpī dominō meō cerebellum.
Quid multa?
Cohērēdem mē Caesarī fēcit,
et accēpī patrimōnium lāticlāvium.
Nēminī tamen nihil satis est.
Concupīvī negōtiārī . . .
Quīnque nāvēs aedificāvī,
onerāvī vīnum
– et tunc erat contrā aurum –,
mīsī Rōmam . . .
Omnēs nāvēs naufragāvērunt,
factum, non fābula.
Ūnō diē Neptūnus trēcentiēs sestertium
dēvorāvit.

frūgālitās Sparsamkeit
candēlābrus falsch für *candēlābrum* Leuchter
dī ≈ *deī* – *volunt* sie wollen
factus sum ich bin gemacht worden
cerebellum Gehirn
cohērēdem zum Miterben
patrimōnium lāticlāvium fürstliche Erbschaft
nēminī Dat. v. *nēmō*
con-cupere ≈ *cupere* – *negōtiārī* Handel treiben
quīnque fünf – *onerāre* laden
naufragāre untergehen
fābula erfundene Geschichte
trēcentiēs sestertium 30 Mill.
dēvorāre verschlingen

Ü

① Welche Eigenschaften schreibt der Sprecher sich selbst zu?

② Beachten Sie die quasi-sprichwörtlichen allgemeinen Redensarten des Trimalchio.

[3] Stellen Sie einige Alliterationen fest. Was bewirkt der Sprecher mit diesen?

④ Ermitteln Sie die Tempus-Funktionen (21 G 1 und 21 W).

[5] Wiederholen und erweitern Sie die Übersicht über die Wortausgänge und -endungen (17 G 4).

[6] Was verstehen Sie unter einer Fabel *(fābula)* (vgl. 20 I und L)?

[7] Geben Sie einige Beispiele für den Vergleichssatz im Deutschen.

3 Trimalchio kann nichts erschüttern

L

Putātis mē dēfēcisse?
Nōn mehercules mī haec iactūra gūstī fuit,
tamquam nihil factī.
Alterās fēcī . . .
Scītis,
magna nāvis magnam fortitūdinem habet.
Onerāvī rūrsus vīnum . . .
Hōc locō Fortūnāta rem piam fēcit;
omne enim aurum suum,
omnia vestīmenta vendidit
et mī centum aureōs in manū posuit.
Hoc fuit pecūliī meī fermentum.
Citō fit, quod dī volunt.
Ūnō cursū centiēs sestertium corrotundāvī.
Statim redēmī fundōs omnēs,
quī patrōnī meī fuerant.
Aedificō domum, vēnālicia coëmō, iūmenta.
Quicquid tangēbam, crēscēbat tamquam favus.

mehercules beim Herkules
mī ≈ *mihī* – *iactūra* Verlust
nōn . . . gūstī nicht im Bereich des Schmeckens ≈ egal
onerāre laden
Fortūnāta Ts. Ehefrau
vendere verkaufen
centum hundert – *aureus* Goldstück
pecūlium Vermögen
fermentum Sauerteig
fit es geschieht – *dī* ≈ *deī*
volunt sie wollen – *centiēs sest.* zehn Millionen – *corrotundāre* zusammenhamstern – *redimere* zurückkaufen
fundus Landgut – *patrōnus* Herr
vēnālicia Käufliches, Sklaven
coëmere zusammenkaufen – *iūmentum* Arbeitstier – *quicquid* was
favus Honigwabe

Ü

① Beachten Sie wieder die Verwendung allgemeiner Redensarten.

② Wie steht es mit Trimalchios „Frömmigkeit"? Stellen Sie alle Bemerkungen zusammen (vgl. auch 22 L), die sich für diese Frage auswerten lassen.

[3] Wo verwendet Trimalchio wieder das Stilmittel der Alliteration?

④ Beurteilen Sie die Verknüpfung von *magna nāvis* und *fortitūdō*. Kann man einem Schiff diese Eigenschaft wirklich zusprechen?

⑤ Über welche Eigenschaft verfügt Trimalchio in besonderem Maße?

⑥ Erklären Sie die Funktion des Genitivs in dem Relativsatz *quī patrōnī meī fuerant* (vgl. 12 G 7).

[7] Welches Stilmittel verwendet der Sprecher im vorletzten Satz?

24 An einem Wendepunkt

L

Postquam coepī plūs habēre
quam tōta patria mea habet,
manum dē tābulā:
Sustulī mē dē negōtiātiōne
et coepī per lībertōs faenerāre.
Et negōtium meum agere
exhortāvit mathēmaticus,
quī vēnerat forte in colōniam nostram,
Graeculiō, Serāpa nōmine,
cōnsiliātor deōrum.
Hic mihī dīxit etiam ea,
quae oblītus eram;
ab aciā et acū mī omnia exposuit;
intestīnās meas nōverat;
tantum quod mihī nōn dīxerat,
quid prīdiē cēnāveram.

tābula Tisch
negōtiātiō Handelsgeschäft
faenerāre Geld verleihen

exhortāvit (falsche Wortbildung) „er tat mich ermahnen"
mathēmaticus Sterndeuter
colōnia Stadt – *Graeculiō* (falsch) Griechlein
cōnsiliātor Ratgeber
ea dieses
oblītus eram ich hatte vergessen
ab aciā et acū bis in die kleinsten Kleinigkeiten (*ab aciā* falsch für *ab aciē*) – *intestīnās* für *intestīna* das Innere
prīdiē am Tag zuvor

Ü

① Beachten Sie die sprachlichen Fehler des Trimalchio. Was für ein Licht fällt dadurch auf den Gastgeber?

② Mit welchen Worten übertreibt Trimalchio offensichtlich?

③ Welche Information erhält der Leser durch den mit *postquam* eingeleiteten Gliedsatz? (vgl. 20 G 8)

④ Was hat Trimalchio getan, wenn er sagt, er habe angefangen, *per lībertōs faenerāre*?

[5] Welche Redewendungen sind als Metaphern anzusehen?

⑥ Bestimmen Sie die Tempus-Funktion des Plusquamperfekts am Ende des Textes (21 G 2).

[7] Nennen Sie (gegebenenfalls mit Hilfe eines Verzeichnisses der Perfekt-Stämme) die 1. Pers. Sg. Ind. Perf. Akt. von *habēre, tollere, incipere, agere, venīre.*

[8] Wie lautet die 3. Pers. Pl. Ind. Plusquamperfekt Akt. von *dīcere, expōnere, nōscere, cēnāre*?

⑨ Mit welchem Wort ist *cōnsiliātor* verwandt? Welche Bedeutung hat das Suffix *-tor*?

[10] Nennen Sie die Stammformen der in L vorkommenden Verben.

⑪ Bestimmen Sie Arten der Gliedsätze.

[12] Vergleichen Sie mit *colōnia* den Ortsnamen *Colōnia Agrippīnēnsis/Agrippīna.*

Trimalchios ständig wachsender Wohlstand ermöglichte ihm den Bau eines Wohnhauses. Die Abbildung zeigt einen von einem Säulengang umschlossenen Innenhof eines Hauses in Pompeji. Der Hof wurde meist mit Statuen und Plastiken geschmückt.
Daß uns Häuser aus Pompeji so gut erhalten sind, verdanken wir einer Naturkatastrophe: dem Ausbruch des Vesuv im Jahre 79 n. Chr. Den packendsten Bericht über dieses Ereignis hat der Schriftsteller Plinius (vgl. Lektionen 10 und 11) verfaßt.

E Bericht des C. Plinius Secundus an den Geschichtsschreiber P. Cornelius Tacitus (Epist. 6,16 u. 6,20) über den Vesuvausbruch des Jahres 79 v. Chr.:

Mein Onkel hielt sich in Misenum auf, wo er Befehlshaber der Flotte war. Am 23. August um die siebente Stunde sagte meine Mutter ihm, es zeige sich am Himmel eine ungewöhnlich große Wolke von seltsamer Gestalt. Er hatte in der Sonne gelegen, darauf ein kaltes Bad genommen, hatte dann im Liegen etwas gegessen und war gerade bei seinen Studien. Jetzt ließ er sich seine Sandalen bringen und stieg eine Anhöhe hinauf, von der aus man die merkwürdige Erscheinung am besten beobachten konnte. Wenn man von fern hinsah, konnte man nicht genau erkennen, aus welchem Berg die Wolke hervorkam. Erst später stellte sich heraus, daß es der Vesuv war. In ihrer Form glich sie wohl am ehesten einer Pinie. Denn wie ein überlanger Baumstamm, in Äste auseinanderfließend, stand sie in der Luft; ein auffrischender Wind, meine ich, hatte sie in die Höhe getrieben. Dann löste sie sich allmählich in die Breite auf, weil der Wind abflaute oder weil ihr eigenes Gewicht sie nach unten drückte. Bald war sie weiß, bald dunkel und fleckig, je nachdem, ob sie Asche oder Erde mit sich hochgerissen hatte.
Viele Tage waren schon Erdstöße vorausgegangen, aber sie hatten uns nicht sehr erschreckt, weil man daran in Campanien gewöhnt ist. Doch in jener Nacht verstärkte das Beben sich so, daß alles nicht nur wackelte, sondern sogar einzufallen drohte.
Plötzlich stürzte meine Mutter in mein Schlafzimmer. Ich war gerade beim Aufstehen, um sie zu wecken, falls sie noch schliefe. Wir suchten uns einen Platz im Garten unseres Grundstücks, der

zwischen den Gebäuden und dem nahen Meer lag. Ich weiß nicht, ob ich es Standhaftigkeit oder Leichtsinn nennen soll (ich war damals erst siebzehn Jahre alt): ich ließ mir einen Liviusband bringen, las darin wie in einer Freistunde, und wie vorher schon, machte ich mir sogar Auszüge. Schon hatten wir die erste Stunde des Tages, und noch immer war das Licht dämmerig und matt. Schon drohten die umliegenden Häuser einzustürzen, und wir hatten Grund zu großer Angst, daß wir erschlagen werden könnten, denn der Ort, an dem wir saßen, hatte zwar kein Dach, war aber eng. Nun erst hielten wir es für geraten, die Stadt zu verlassen. Viele verstörte Menschen schlossen sich uns an. Sie folgten, wie man es in panischem Schrecken für klug hält, lieber den Überlegungen anderer als den eigenen und drängten und stießen sich auf der Flucht in einem gewaltigen Strom vorwärts. Außerhalb des bebauten Geländes machten wir halt. Viel Merkwürdiges, aber auch viel Grausiges sahen wir dort mit an.
Die Fahrzeuge, die wir hatten mitnehmen lassen, rollten trotz des völlig ebenen Bodens hin und her, und selbst wenn man Steine vor die Räder schob, blieben sie nicht stehen. Wir sahen auch, daß das Meer zurückgezogen und durch die Erdstöße gleichsam verdrängt wurde. Deutlich hatte sich der Strand verbreitert und hielt auf dem trockenen Sandboden viele Meerestiere fest. Gegenüber zerriß eine schauerliche schwarze Wolke in langen Flammengarben, zersprühendem Feueratem, wirbelnd und zuckend: Blitzen gleich, nur größer.
Bald darauf senkte sich jene Wolke auf das Land und breitete sich auch über das Meer aus. Schon war Capri eingehüllt, das Kap Misenum unsichtbar. Da begann meine Mutter zu bitten, zu mahnen, zu befehlen, ich solle doch irgendwie entfliehen, ich könne es ja bei meiner Jugend; sie dagegen, behindert durch ihr Alter und ihre körperliche Schwäche, werde leichter sterben, wenn sie nicht schuld sei an meinem Tode. Ich erwiderte, ich würde mich nur mit ihr zusammen retten; dann ergriff ich ihre Hand und zwang sie, schneller zu gehen. Mühsam folgte sie und machte sich Vorwürfe, daß sie mich aufhalte.
Schon regnete es Asche, wenn auch bisher noch spärlich. Ich blickte zurück: dicker Nebel hing drohend in unserem Rücken, quoll über das Land und hinter uns her. „Verlassen wir die Straße“, sagte ich, „solange wir noch sehen können, damit wir nicht auf ihr umgestoßen und im Finstern von den Menschenmassen totgetreten werden!“ Kaum hatten wir uns hingesetzt, da wurde es Nacht, nicht wie bei Neumond oder bedecktem Himmel, sondern wie in geschlossenen Räumen, nachdem das Licht erloschen ist. Man hörte heulende Frauen, wimmernde Kinder, schreiende Männer: durch Rufen suchten, durch Rufen fanden die einen ihre Eltern, andere ihre Kinder, andere ihre Gatten; manche jammerten über ihr eigenes Unglück, manche über das ihrer Angehörigen. Es gab Menschen, die aus Angst vor dem Tod um den Tod beteten; viele erhoben die Hände zu den Göttern, die meisten erklärten, es gebe keine Götter mehr und dies sei der Weltuntergang. Einige vergrößerten auch durch Schreckensphantasien die wirklichen Gefahren. Andere berichteten fälschlich, was in Misenum schon zerstört sei, was brenne, und fanden damit Glauben.
Es wurde wieder etwas heller; das war wohl nicht das Tageslicht, sondern ein Zeichen, daß das Feuer näherkam. Die Flammen blieben freilich in einiger Entfernung, aber es wurde wieder finster, denn erneut fiel Asche, dicht und schwer. Von Zeit zu Zeit standen wir auf, um sie abzuschütteln, sonst hätte sie uns bedeckt und auch mit ihrem Gewicht belastet.
Ich könnte mich rühmen, in so großer Gefahr keinen Seufzer, kein ängstliches Wort ausgestoßen zu haben; aber ich fand einen zwar traurigen, doch großen Trost beim Sterben darin, daß ich gemeinsam mit allem zugrunde ginge und alles mit mir.
Schließlich lichtete sich die Finsternis und löste sich in eine Art Rauch oder Nebel auf. Darauf wurde es wieder richtig Tag, sogar die Sonne schien, wenn auch fahl wie bei einer Sonnenfinsternis. Immer noch angsterfüllt, erblickten wir eine veränderte Welt, die mit einer hohen Aschenschicht wie mit Schnee bedeckt war. Wir kehrten nach Misenum zurück, versorgten uns, so gut es ging, und verbrachten die folgende Nacht voll Aufregung und Ungewißheit zwischen Furcht und Hoffnung. Die Furcht war stärker, denn das Erdbeben dauerte an, und wie besessen sahen die meisten nicht das Unglück, das sie und die anderen getroffen hatte, sondern malten sich die furchtbarsten Schrecken für die Zukunft aus.

5 Trimalchios Tempel

L

Praetereā citō accipiam hērēditātem.
Hoc mihī dīcit fātus meus . . .
Interim dum Mercūrius vigilat,
aedificāvī hanc domum.
Ut scītis, casula erat;
nunc templum est.
Habet quattuor cēnātiōnes,
cubicula vīgintī,
porticūs marmorātās duās,
sūrsum cellātiōnem,
cubiculum, in quō ipse dormiō,
vīperae huius sessōrium,
ōstiāriī cellam perbonam;
hospitium hospitēs centum capit.
Ad summam, Scaurus cum hūc vēnit,
nūsquam māluit hospitārī,
et habet ad mare paternum hospitium.
Et multa alia sunt,
quae statim vōbīs ostendam.

hērēditās Erbschaft
fātus (falsch) für *fātum*
vigilāre wachen
casula Hüttchen
quattuor vier – *cēnātiō* Speisesaal
cubiculum Schlafraum – *vīgintī* zwanzig
porticus Säulengang – *marmorātus* aus Marmor – *duās* zwei – *sūrsum* oben – *cellātiō* Kammerflucht
ipse selbst
vīpera Schlange – *sessōrium* Putzzimmer – *ōstiārius* Portier – *cella* Zelle – *perbonus* sehr gut
hospitium Gästehaus – *hospēs* Gast
nūsquam nirgends – *māluit* er wollte lieber – *hospitāri* absteigen
paternus dem Vater gehörend

Ü

① Welche Art von Gliedsatz wird durch *dum* eingeleitet?

② Welche Eigenschaft beweist Trimalchio mit der Darstellung seines „Tempels"?

③ Bestimmen Sie den Gliedsatz *ut scītis* (22 G) in seiner Funktion.

④ Um welche Art von Gliedsatz handelt es sich bei *Scaurus cum hūc vēnit*? (20 G 8)

Das römische Haus:
1 *ātrium* 2 *cubiculum* 3 *triclīnium*
4 *tablīnum* 5 *hortus*

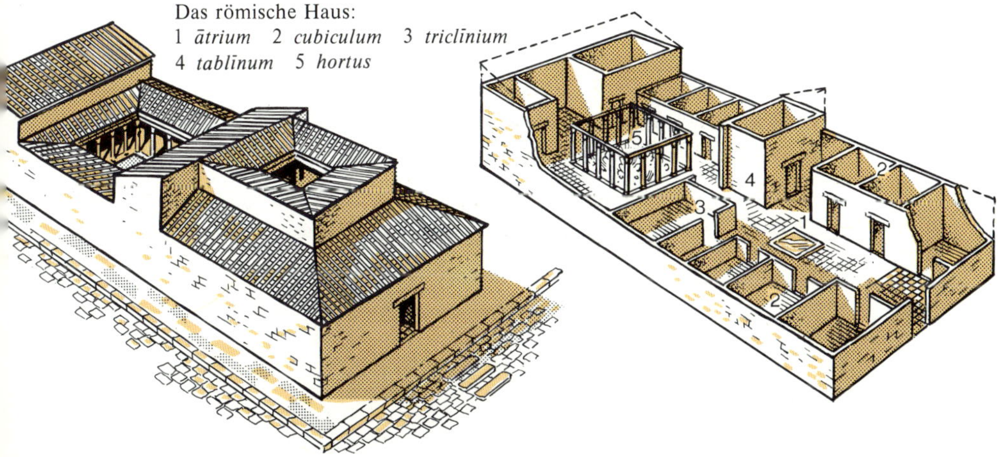

26 Es spukt

I C. Plinius fragt seinen Freund Sura, ob er glaube, daß es Gespenster gebe und daß sie eine bestimmte Gestalt und irgendeine Wirksamkeit hätten oder daß sie nur Wahnvorstellungen seien. Plinius selbst erklärt, er glaube an deren Existenz. Denn er könne einige Geschichten erzählen, mit denen die Existenz derartiger Wesen zu beweisen sei.

L

Erat Athēnīs spatiōsa et capāx domus,
sed īnfāmis et pestilēns.
Per silentium noctis sonus ferrī
et strepitus vinculōrum longius prīmō,
deinde ē proximō reddēbātur.
Mox appārēbat īdōlon,
senex maciē et squālōre cōnfectus,
prōmissā barbā, horrentī capillō;
crūribus compedēs,
manibus catēnās gerēbat quatiēbatque.
Inde ab inhabitantibus trīstēs dīraeque
noctēs per metum vigilābantur.
Vigiliam morbus et mors sequēbātur.
Nam interdiū quoque,
quamquam abscesserat imāgō,
memoria imāginis in oculīs errābat,
longiorque quam causa timōris
timor erat.

Athēnīs in Athen – *spatiōsus* geräumig – *capāx* weitläufig
īnfāmis verrufen – *pestilēns* Unheil bringend
strepitus Geklirr – *longius* in der Ferne
īdōlon Gespenst
maciēs Magerkeit – *squālōr* Schmutz – *cōnfectus* gezeichnet
prōmissa barba langer Bart
horrēns capillus struppiges Haar
crūs Schenkel – *compedēs* Fesseln
catēna Kette – *quatere* schütteln
inhabitantēs Bewohner
dīrus grausig
interdiū tagsüber
abscēdere weggehen
longior länger

Ü

① Beachten Sie die Verwendung des Imperfekts und beschreiben Sie seine Funktion.

[2] Stellen Sie einige stilistische Besonderheiten fest.

[3] Bilden Sie einige deutsche Beispiele für den Konzessivsatz.

④ Beachten Sie besonders die Funktion der Präpositionen.

[5] Ermitteln Sie einige Merkmale, die den Text als erzählenden Text erweisen (vgl. auch 15 L und 16 L).

[6] Vergleichen Sie mit diesen Beispielen für erzählende Texte die Epigramme des Martial (6 L, 6 G 1, 7 L usw.). Welcher Textsorte kann das Epigramm zugeordnet werden?

7 Das Spukhaus wird vermietet

I Niemand war bereit, weiterhin in dem verhexten Haus zu wohnen; es stand leer und wurde dem Gespenst völlig überlassen. Dennoch wurde es zum Verkauf bzw. zur Vermietung angeboten. Der Eigentümer hoffte darauf, daß er einen Käufer oder Mieter fände, der von den schrecklichen Vorgängen keine Ahnung hätte. Da kommt tatsächlich der Philosoph Athenodorus nach Athen, interessiert sich für das Haus, stellt aber Nachforschungen an, weil er sich über den geringen Preis wundert. Obwohl er die ganze Wahrheit erfährt, mietet er das Haus. Er will den Dingen auf den Grund gehen. Als es Abend wird, läßt er sich Schreibtafel, Griffel und Lampe bringen. Er konzentriert Geist, Hand und Augen auf das Schreiben, um alles, was er bemerkt, wachen Sinnes notieren zu können.

L

Initiō, quāle ubīque, silentium noctis,
deinde concutī ferrum, vincula movērī.
Ille nōn tollere oculōs,
non remittere stilum,
sed offīrmāre animum auribusque
praetendere.
Tum crēbrēscere fragor,
adventāre, iam ut in līmine,
iam ut intrā līmen audīrī.
Respicit, videt cognōscitque imāginem:
Stābat innuēbatque digitō,
tamquam vocābat.
Hic contrā, ut paulum exspectāret,
manū sīgnum dat
rursusque ceris et stilō incumbit.
Illa philosophī capitī catēnīs īnsonābat;
cum respiciēbat Athēnodōrus,
rūrsus innuēbat;
sine morā tollit lūmen et sequitur.

ubīque überall
concutere zusammenschlagen
stilus Griffel
offīrmāre animum sich ein Herz fassen – *animum auribus praetendere* das Herz vor die Ohren halten, nicht hinhören – *crēbrēscere* stärker werden – *fragor* Getöse – *adventāre* ankommen – *līmen* Schwelle
innuere winken – *digitus* Finger
ut paulum exspectāret daß es ein Weilchen warte
cera Wachstafel
catēna Kette – *īnsonāre* (m. Dat.) rasseln über

Ü

① Stellen Sie einige Merkmale eines erzählenden Textes fest.

[2] Untersuchen Sie die Wirkung der vorkommenden Stilmittel.

[3] Vergleichen Sie it. muòvere mit lat. *movēre* (2 G 2).

[4] Formulieren Sie die Regel, die für die Veränderung von *movēre* zu mouvoir gilt.

[5] Wie lautet die 1. Pers. Sg. des Ind. Präs. Akt. zu folgenden Formen? mōvī, sustulī, remīsī, audīvī, vīdī.

28 Der Philosoph lüftet das Geheimnis

L

Ībat imāgō lentō gradū,
quasi gravis vinculīs.
Postquam dēflexit in āream domūs,
repente dīlāpsa dēserit comitem.
Dēsertus herbās et folia concerpta
  sīgnum locō pōnit.
Posterō diē adit magistratūs,
monet, ut illum locum effōdī iubeant.
Inveniuntur ossa
  īnserta catēnīs et implicita,
quae corpus aevō terrāque putrefactum
  nūda et exēsa relīquerat vinculīs;
collēcta pūblicē sepeliuntur.
Domus posteā rītē conditīs mānibus
caruit.

dēflectere s. *flectere* – *ārea* Hof

herba Gras – *folium* Blatt
concerpere s. *carpere*

ut . . . iubeant daß sie befehlen sollten – *effōdere* ausgraben

catēna Kette

putrefactus zermürbt

exedere s. *edere*

sepelīre bestatten

rītē ordentlich – *mānēs* Seelen der Verstorbenen

Ü

① Bei der Übersetzung der Wörter *dēflexit, concerpta* und *exēsa* beachten Sie die Bedeutung der Präfixe *dē-, con-* und *ex-*.

② Welche Funktion haben die Partizipien (Attribut oder Prädikativum)?

[3] Bilden Sie das P. P. P. von *flectere, colligere, edere, relinquere.*

[4] Übersetzen Sie: abductus est, admissus, aedificātī, affīxum, amātī sunt.

⑤ Was bedeutet *iūcundī sunt āctī labōrēs*?

[6] Konjugieren Sie *mittere, legere* und *invenīre* im Perfekt und Plusquamperfekt des Passivs.

[7] Wie lauten die Perfekt- und Plusquamperfektformen der Deponentien *arbitrārī* und *sequī*?

⑧ Vergleichen Sie *dē-serere* und *īn-serere.*

[9] Von welcher Verbform ist das franz. Verb deserter abgeleitet?

[10] Nennen Sie die lat. Form, auf die engl. to collect zurückzuführen ist.

[11] Vergleichen Sie *dēserere* mit to desert, *īnserere* mit to insert. Welche Form des lat. Verbs ist ins Englische übergegangen?

⑫ Bestimmen Sie die Funktion der Ablative.

[13] Bilden Sie die Stammformen von *movēre, remittere, audīre, respicere, dare, tollere.*

[14] Stellen Sie einige Stilmittel fest und ermitteln Sie deren Funktion.

Was dem „Gespenst“ ursprünglich versagt geblieben ist, kann das Relief (1. Jh. v. Chr.) aus Amiterno (Mittelitalien) veranschaulichen. (Aquila, Museo Cìvico)

Wenn bei den Römern jemand gestorben war, rief man ihn bei seinem Namen. Die Bestattungsvorbereitungen durften erst begonnen werden, wenn man sich auf diese Weise überzeugt hatte, daß der Tote nicht mehr antworten konnte. Er wurde dann gewaschen, parfümiert und mit dem Totengewand bekleidet. Von den Griechen hatte man die Sitte übernommen, dem Toten eine kleine Münze in den Mund zu stecken, mit der die Überfahrt über den Unterweltfluß Styx durch den Fährmann Charon bezahlt werden sollte. In einem Paradebett im Atrium wurde der Verstorbene einige Tage zur Schau aufgebahrt. Tannen- oder Zypressenzweige wiesen Vorübergehende auf den Todesfall im Haus hin.

Am Tag der Bestattung zogen die Angehörigen und Freunde mit der Leiche an die Grabstätte. Je vornehmer der Tote war, desto länger war der Trauerzug. Totenklage und Grabrede – bei führenden Persönlichkeiten auf dem Forum gehalten – umrahmten die Trauerfeier. In der Regel wurde die Leiche außerhalb Roms verbrannt. Bevor sie auf den Scheiterhaufen gelegt wurde, schnitt man ihr einen Finger ab, der begraben werden mußte. (Daneben gab es auch die Erdbestattung und die Beisetzung in Sarkophagen.) Kleider, einige Gegenstände des persönlichen Besitzes – aber keine Wertgegenstände aus Edelmetallen – sowie Opfergaben und Räucherwerk wurden mit auf den Holzstoß geworfen, der dann von den Hinterbliebenen mit abgewandtem Gesicht durch Fackeln in Brand gesetzt wurde.

Nach der Einäscherung sammelte man die ausgeglühten Überreste des Toten in einer Urne, die entweder in einem Grab oder in einer Wandnische eines für Bestattungszwecke errichteten Bauwerks beigesetzt wurde.

29 Popularen und Optimaten

I Die Lesestücke aus den folgenden Lektionen stellen einen Ausschnitt aus einer Rede dar, die M. Tullius Cicero (106–43 v. Chr.) in einem Strafprozeß gegen P. Sestius für den Angeklagten gehalten hat. Dieser war angeklagt worden, daß er während seiner Amtszeit als Volkstribun (57 v. Chr.) mit bewaffneten Banden den öffentlichen Frieden gestört habe. Die Tat des Sestius ist aus heutiger Sicht als eine Form des „Gegenterrors" zu verstehen. Denn Sestius hatte das Ziel, die von dem Tribunen Clodius organisierten Ausschreitungen mit Gewalt einzudämmen. Sestius hatte mit seinen „Polizeiaktionen" offensichtlich Erfolg. Im Gegenzug versuchte Clodius, Sestius in den erwähnten Prozeß zu verwickeln. – Cicero legt im ersten Teil seiner Rede *Prō Sestiō* dar, daß Sestius, der Angeklagte, nicht die öffentliche Ordnung gefährdet, sondern sich zum Wohle der Stadt und des Staates eingesetzt habe, während sich sein Gegner Clodius als Staatsfeind erwiesen habe. Der zweite Teil der Rede beginnt mit grundlegenden Ausführungen über die konservativen Kräfte des Staates und ihr Staatsethos. Die ausgewählten Abschnitte stehen am Anfang dieses zweiten Teiles (Kap. 96–98).

L

Duō genera semper in hāc cīvitāte
fuērunt eōrum, quī versārī in rē pūblicā
atque in eā sē excellentius gerere
studuērunt;
quibus ex generibus
  alterī sē populārēs,
  alterī optimātēs
    et habērī et esse
  voluērunt.
Quī ea, quae faciēbant quaeque dīcēbant,
  multitūdinī iūcunda volēbānt esse,
POPULĀRĒS,
quī autem ita sē gerēbant,
  ut sua cōnsilia optimō cuique
  probārent,
OPTIMĀTĒS habēbantur.

eōrum = *virōrum*

sē excellentius gerere sich besonders hervortun

alterī . . . alterī die einen . . . die anderen

voluērunt/volēbant sie wollten

ut . . . probārent daß . . . gefielen
optimō cuique allen Guten = konservativen Republikanern

Ü [1] Übersetzen Sie:

Beātus ille homō,
quī sedet suā domō,
quī sedet post fornācem (Ofen)
et habet bonam pācem.

(2) Beurteilen Sie die aus Ü 1 sprechende Auffassung.

Cicero klagt Catilina vor dem Senat an. Fresco von C. Maccari aus dem 19. Jh. im Palazzo Madama in Rom.
Wir können Ciceros Stimme nicht mehr hören und die Art seines Auftretens vor Gericht oder vor dem Senat nicht mehr sehen. Wie er seine Forderungen in die Praxis umgesetzt hat, läßt sich nur noch aus seinen schriftlich überlieferten Reden ersehen. Der berühmte Redner hat aber immer wieder die künstlerische Phantasie späterer Zeiten angeregt. Der Maler wollte die Atmosphäre der Senatssitzung einfangen, in der Cicero die Verschwörung des Catilina aufgedeckt hat. Man spürt, welche gewaltige Wirkung Ciceros Worte auf seine Zuhörer hatte. Ob jedoch Catilina wirklich so schuldbewußt und zerknirscht unter der Wucht der gegen ihn erhobenen Vorwürfe auf seinem Sessel zusammengesunken ist, sei dahingestellt.

③ Unterscheiden Sie die Attributsätze von den Subjekt- oder Objektsätzen.

a) Quī monet, quasī adiuvat.
b) Ea, quae vēra sunt, dīcam.
c) Māximum ōrnamentum[1] amīcitiae tollit is, quī ex eā tollit verēcundiam[2].
d) Ea, quae praeclāra sunt, rāra sunt.
e) Iī, quī deum amant, virtūtem amant.
f) Quī tacet, cōnsentīre[3] vidētur.
g) Quem deī dīligunt, adolēscēns moritur, dum valet, sentit, sapit.
h) Fēlīx[4], quī potuit[5], rērum cognōscere causās.
i) Bis[6] dat, quī citō[7] dat.
k) Haud paucī hominēs multōs librōs coēmunt[8], quōs nōn legunt.

④ Welche Relativsätze aus Ü 3 könnten selbständige Hauptsätze sein?

5 Setzen Sie das fehlende Demonstrativpronomen ein.

a) Dionȳsius, servus meus, fūgit; . . . est in prōvinciā tuā.
b) Dum in Italiā fuit Hannibal, nēmō . . . in aciē restitit, nēmō adversus . . . post Cannēnsem pūgnam[9] in campō[10] castra posuit.

---

1) *ōrnāmentum* Schmuck 2) *verēcundia* Achtung 3) *cōnsentīre* zustimmen 4) *fēlīx, fēlīcis* glücklich 5) *potuit* er konnte 6) *bis* zweimal 7) *citō* schnell 8) *coēmere* kaufen 9) *Cannēnsis pūgna* Schlacht bei Cannae (i. J. 216 v. Chr.) 10) *campus* offenes Gelände

30 Wer ist das: „Alle Guten"?

L

Quis ergō iste optimus quisque?
Numerō, sī quaeris, innumerābilēs,
neque enim aliter stāre possēmus;
sunt prīncipēs cōnsiliī pūblicī;
sunt, quī eōrum sectam sequuntur,
sunt māximōrum ōrdinum hominēs,
quibus patet cūria,
sunt mūnicipālēs rūsticīque Rōmānī;
sunt negōtia gerentēs,
sunt etiam lībertīnī OPTIMĀTĒS.
Numerus, ut dīxī, istīus generis
lātē et variē diffūsus est;
sed genus ūniversum
brevī verbō
circumscrībī et dēfīnīrī potest.

optimus quisque Nom. zu *optimō cuique* (s. vorige Lektion)

aliter anders - *possēmus* wir könnten - *cōnsilium pūblicum* Staatsführung - *secta* politische Partei

cūria Senatsgebäude

mūnicipālis kleinstädtisch, in einer Kleinstadt lebend

gerēns, gerentis betreibend

lībertīnus der freigelassene (Sklave)

diffūsus verbreitet

circumscrībere umschreiben

dēfīnīre bestimmen

Ü

① Stellen Sie fest, welche Funktion die Adverbien in folgenden Sätzen haben:

a) Rēctē dīcit Catō doctrīnam[1] esse frūctum dulcem rādīcis[2] amārae[3].
b) Perīculōsē[4] nāvigātur hieme.
c) Festīnā[5] lentē.
d) Metrodōrus quidem perfectē eum beātum putat, cui corpus bene cōnstitūtum est.
e) Sapiēns perfectē atque absolūtē beātus est.

[2] Nennen Sie einige stilistische Besonderheiten des Textes in L.

③ Bestimmen Sie die Funktion der Relativsätze.

[4] Wie lauten die Stammformen von *dīcere, quaerere, sequī, cōnstituere*?

[5] Bilden Sie das P. P. P. zu *negāre, neglegere, ostendere, portāre.*

[6] Beschreiben Sie die Unterschiede zwischen *perfectus,* parfait, perfect, perfetto. Beachten Sie die Regeln für die Lautveränderungen (vgl. 2 G 1, 2 G 2, 3 G 9–11, 4 G 5–6, 5 G 4, 6 G 7, 8 G 10, 13 G 8).

[7] Was bedeuten eigentlich die Tempusbezeichnungen „Perfekt", „Im-perfekt" und „Plus-quam-perfekt"?

---

1) *doctrīna* Gelehrsamkeit 2) *rādīx* Wurzel 3) *amārus* bitter 4) *perīculōsus* gefährlich 5) *festīnāre* eilen

Eine Definition der Optimaten

L

Omnēs optimātēs sunt,
qui neque nocentēs sunt
nec nātūrā improbī
nec furiōsī
nec malīs domesticīs impedītī.
Omnēs igitur, quōs tū nātiōnem appellāvistī,
et integrī sunt
et sānī
et bene dē rēbus domesticīs cōnstitūtī.
Quī eōrum voluntātī, commodīs, opīniōnibus
in gubernandā rē pūblicā serviunt,
dēfēnsōrēs optimātium ipsīque optimātēs sunt
ac gravissimī et clārissimī cīvēs numerantur
et prīncipēs cīvitātis.

nocēns schädlich

furiōsus leidenschaftlich

domesticus privat

nātiō Sippschaft

tū der Ankläger ist angeredet

in gub. rē pūbl. bei der Leitung des Staates – *dēfēnsor* Beschützer

Ü

1 Geben Sie die Stammformen folgender Verben an:
abdūcere, accipere, adiuvāre, admittere, affigere, agere.

2 Wie lautet das P. P. P. zu *amāre, appellāre, audīre, capere, cernere*?

3 Übersetzen Sie: cognitūrus, compositūrus, cōnfecturus, adiūtūrus.

4 Ersetzen Sie die Infinitive des Präsens Aktiv in 16 Ü 1 b–h durch Infinitive des Futur Aktiv.

5 Bestimmen Sie folgende Formen:
crēditūrum esse, datus est, dēclāmātūrus, dēlectātī sumus, dēlictūrum esse, dictum est, dictātus, dīlēctī sunt, dīmissī erant, dīvīsum esse.

⑥ Was bedeutet die folgende Lebensregel:
Disce ut semper vīctūrus, vīve ut crās moritūrus!

7 Wie lautet der Superlativ von *brevis, iūcundus, improbus*?

⑧ Geben Sie die Partizipien mit einem Gliedsatz wieder.

a) Dionȳsius tyrannus Syrācūsīs expulsus Corinthī puerōs docēbat.

b) Captī oppidī sīgnum ex mūrō tollitur.

32 Das Ziel der politischen Führungsschicht

L

Quid est igitur prōpositum
hīs reī pūblicae gubernātōribus,
quod intuērī et quō cursum suum
dīrigere dēbent?
Id, quod est praestantissimum
māximēque optābile omnibus sānīs
et bonīs et beātīs:
cum dīgnitāte ōtium.
Hoc quī volunt, omnēs optimātēs,
quī efficiunt, summī virī et
cōnservātōrēs cīvitātis putantur;
neque enim in pūblicīs officiīs
dīgnitāte hominēs exsultāre ita
convenit, ut ōtiō nōn prōspiciant,
neque ūllum amplexārī ōtium,
quod abhorret ā dīgnitāte.
Huius autem ōtiōsae dīgnitātis
haec fundāmenta sunt,
haec membra,
quae tuērī prīncipēs
et vel capitis perīculō dēfendere dēbent:
religiōnēs, auspicia,
potestātēs magistrātuum,
senātūs auctōritās,
lēgēs, mōs māiōrum, iūdicia,
iūris dictiō, fidēs, prōvinciae,
sociī, imperiī laus,
rēs mīlitāris, aerārium.

prōpositum Ziel
gubernātor Steuermann
dīrigere hinlenken
praestāns hervorragend
optābilis wünschenswert
cōnservātor Erhalter, Retter
exsultāre prahlen
ut . . . prōspiciant daß sie sich kümmern um (Dat.)
amplexārī sich an etwas klammern
abhorrēre ā unvereinbar sein mit
ōtiōsus mit Ruhe verbunden
vel capitis perīculō sogar unter Einsatz ihres Lebens
auspicium Beobachtung der Vor- und Wahrzeichen
iūris dictiō Rechtsprechung
aerārium Staatsfinanzen

Ü

① Worin stimmen die Substantive *gubernātor* und *cōnservātor* überein? (vgl. 18 G 2)

② Stellen Sie aus den Lesestücken der Lektionen 13–32 Gruppen von Substantiven zusammen, die in bestimmten Merkmalen (vgl. 18 G 2) übereinstimmen.

[3] Deklinieren Sie *cīvitās nostra* und *rēs mīlitāris.*

[4] Bilden Sie die Superlative der Adjektive *beātus, bonus, magnus.*

⑤ Beachten Sie die in L erwähnten römischen Wertbegriffe und -inhalte. Nehmen Sie zu dieser Aufzählung Stellung. Ziehen Sie Vergleiche zu unserer heutigen Situation.

⑥ Inwieweit können die Wertbegriffe und -inhalte als progressiv oder konservativ, als repressiv oder reaktionär angesehen werden?

⑦ In einem lateinisch-deutschen Wörterbuch (Lexikon) finden Sie folgende Angabe: *gubernātor, ōris* m. *(gubernō)* Steuermann; übertragen: Lenker, Leiter, Regierer *(reī pūblicae, cīvitātum).*
Erläutern Sie diese Angabe. Begründen Sie die Auswahl der Bedeutungsangabe, der Sie für den Zusammenhang in L den Vorzug geben.

⑧ Begründen Sie die für 32 L zutreffende Bedeutungsauswahl:

dēfend-ō, -fend-ī, -fēnsus: abhalten, abwehren, fernhalten, zurückweisen, zurückhalten, abweisen (z. B. *iniūriam d., cīvium perīcula d., bellum d.)*; sich wehren, Widerstand leisten (z. B. *nēmō dēfendēbat*); verteidigen, schützen, retten (z. B. *senātum d., castra d., urbem d., fīlium ā perīculō d., Galliam ab iniūriā d., cīvitātem adversus improbōs cīvēs d.*); Ansichten verfechten, etwas vertreten (z. B. *pācem d., iūra populī d., iūs suum d., iūstitiam d., causam d.*): behaupten, durchführen (z. B. *officium d.*); etwas zu seiner Verteidigung sagen (z. B. *multa d., nihil d., quid dēfendēs?, hoc iūre factum esse dēfendis*).

⑨ Was könnte man heute unter dem Begriff des *ōtium cum dīgnitāte* verstehen?

[10] Untersuchen Sie, inwiefern besondere Stilmittel die Aussage des Autors verdeutlichen und unterstreichen.

Die Beobachtung von Vor- und Wahrzeichen war – wie der Text zeigt – eine heilige Handlung, die allen wichtigen Vorhaben vorausgehen mußte. *Auspicium* bedeutet eigentlich „Vogelschau“: Man beobachtete die Flugrichtung bestimmter Vögel oft von bestimmten Standorten aus. Das Bild zeigt das Verfahren der Weissagung aus den Eingeweiden eines Stieres. In diesem Falle deutete man vor allem die Lage der inneren Organe, um zu ergründen, ob ein Unternehmen Glück oder Unglück bringen würde. Das Relief befand sich auf dem Forum des Trajan in Rom. (Paris, Louvre)

33 Die Grundlagen des Rechtes

I Die Entwicklung des Rechtswesens gehört zu den bleibenden und heute noch weiterwirkenden Leistungen der Römer. Unsere Kenntnisse über das römische Recht verdanken wir im wesentlichen den Lehrbüchern römischer Juristen; deren bedeutendster war Gaius, von dem der Text in L stammt. Über sein Leben ist nicht viel bekannt. Vermutlich ist er zur Zeit des Kaisers Hadrian, der das römische Reich von 117–138 regierte, geboren. Zu Lebzeiten hat Gaius, der vorwiegend als Lehrer und Schriftsteller tätig war, kein besonderes Ansehen genossen. Sein um 161 entstandenes Lehrbuch zur Einführung in die Rechtswissenschaft, die *Īnstitūtiōnes*, war jedoch im ganzen römischen Reich verbreitet. – Kaiser Justinian (reg. 527–564) hat die *Īnstitūtiōnēs* des Gaius bei der Abfassung seines großen Gesetzgebungswerkes, des *Corpus Iūris Cīvīlis*, berücksichtigt. Die Gesamtausgabe dieses Werkes stammt aber erst aus dem Jahre 1583.

L

Omnēs populī,
qui lēgibus et mōribus reguntur,
partim suō propriō,
partim commūnī omnium hominum iūre
ūtuntur;
nam quod quisque populus ipse
sibī iūs cōnstituit,
id ipsīus proprium est
vocāturque iūs cīvīle,
quasi iūs proprium cīvitātis.
Quod vērō nātūrālis ratiō
inter omnēs hominēs cōnstituit,
id apud omnēs populōs
peraequē custōdītur
vocāturque iūs gentium,
quō iūre quasi omnēs gentēs
ūtuntur.
Populus itaque Rōmānus
partim suō propriō,
partim commūnī omnium hominum iūre
ūtitur.
Cōnstant autem iūra populī Rōmānī
ex lēgibus, plēbiscītīs,
senātūs cōnsultīs,
cōnstitūtiōnibus prīncipum,
ēdictīs eōrum,
quī iūs ēdīcendī habent,
respōnsīs prūdentium.

partim . . . partim teils . . . teils

peraequē gleichermaßen

plēbiscītum Volksbeschluß

cōnsultum Entscheidung

cōnstitūtiō Verordnung

ēdictum Verfügung

iūs ēdīcendī das Recht, amtliche Verfügungen zu erlassen – *respōnsum* Gutachten

Der Ausschnitt aus einem Mosaik (Mitte des 6. Jh.) in der Apsis der Kirche San Vitale in Ravenna zeigt Kaiser Justinian mit einer goldenen Schale, die Brot als Gabe für die Kirche enthält.

Ü

① Versuchen Sie, den Unterschied zwischen *lēgēs* und *mōrēs* zu definieren.

② Welche Arten des Rechtes werden von Gaius unterschieden?

[3] Vergleichen Sie *status* und l'état (4 G 5), *studium* und l'étude.

[4] Formulieren Sie die Regel für die Veränderung von *ūtilitās* zu l'utilité und l'utilità.

[5] Welche Regel gilt für die Veränderung von *prūdentia* zu la prudence?

E Was ist Gerechtigkeit?

Dē iūstitiā et iūre. Iūstitia est cōnstāns et perpetua voluntās iūs suum cuique tribuēns. Iūris prūdentia est dīvīnārum atque hūmānārum rērum nōtitia, iūstī atque iniūstī scientia. Iūris praecepta sunt haec: honestē vīvere, alterum nōn laedere, suum cuique tribuere. Huius studiī duae sunt positiōnēs, pūblicum et prīvātum. Pūblicum iūs est, quod ad statum reī pūblicae Rōmānae spectat, prīvātum, quod ad singulōrum ūtilitātem pertinet.

cōnstāns beständig
perpetuus dauernd – *tribuēns* zuteilend
nōtitia Kunde, Bekanntschaft
iniūstus ungerecht – *scientia* Wissen
laedere verletzen
duae (f.) zwei – *positiō* Schwerpunkt

34 Voraussetzungen guter Redekunst

I In dem aus drei Büchern bestehenden Dialog *Dē ōrātōre* entwickelt Cicero im Jahre 55 v. Chr. seine Vorstellungen vom Idealbild des vollendeten Redners, der als *ōrātor sapiēns* zugleich Philosoph ist. Die Konzeption, die Cicero von der idealen Redekunst entwirft, geht über den Rahmen der herkömmlichen Rhetorik hinaus. Für Cicero ist eine universale Bildung die Grundlage jeder Redekunst, so daß diese auch in ihren Anwendungsmöglichkeiten unbegrenzt ist.
Ciceros Idealbild entsprach zweifellos nicht der historischen Realität. Die Anforderungen, denen der Redner vor Gericht und in der Politik gerecht werden mußte, waren längst nicht so hoch, wie sie nach Ciceros Meinung sein sollten. Aber die Bedeutung des Werkes *Dē ōrātōre* wird dadurch nicht geschmälert. Wenn Cicero in diesem Werk den Redner über das rein technische Können hinaushebt und seine philosophische Orientierung betont, dann kommt es ihm darauf an, die notwendige Verknüpfung von Sprachbeherrschung und Verpflichtung zu moralischem Handeln, die Einheit von Rhetorik und Humanität, von Wort und Wahrhaftigkeit, herauszustellen.

L

Est enim
et scientia comprehendenda
rērum pūblicārum,
sine quā verbōrum volūbilitās
inānis atque irrīdenda est,
et ipsa ōrātiō est cōnfōrmanda
nōn sōlum ēlectiōne,
sed etiam cōnstrūctiōne verbōrum,
et omnēs animōrum mōtūs,
quōs hominum generī nātūra tribuit,
penitus sunt pernōscendī,
quod omnis vīs ratiōque dīcendī
in eōrum, quī audiunt, mentibus
aut sēdandīs aut excitandīs
exprōmenda est.
Accēdere eōdem oportet
lepōrem quendam facētiāsque
et ērudītiōnem līberō dīgnam
celeritātemque
et brevitātem
et respondendī et lacessendī
subtīlī venustāte atque urbānitāte
coniūnctam.
Tenenda est omnis antīquitās
exemplōrumque vīs,
neque lēgum ac iūris cīvīlis scientia
neglegenda est.

volūbilitās Gewandheit
inānis leer – *irrīdēre* auslachen
cōnfōrmāre gestalten
ēlectiō Wahl
cōnstrūctiō Fügung
penitus genau – *pernōscere* untersuchen
sēdāre besänftigen – *excitāre* erregen – *exprōmere* an den Tag legen
lepōs Humor – *facētiae* witzige Einfälle – *ērudītiō* Bildung
lacessere reizen
subtīlis fein – *venustās* Anmut
urbānitās Eleganz
tenēre hier: beherrschen – *antīquitās* Vergangenheit
exemplum hier: Präzedenzfall

Bronze-Statue des sogenannten Arringatore, des „Redners“ (etwa 89 n. Chr.). (Florenz, Archäologisches Museum)

Ü

1 Unterscheiden Sie den adjektivischen vom substantivischen Gebrauch der *-nd*-Formen.

a) Post amīcitiam crēdendum est, ante amīcitiam iūdicandum.
b) Epistulās[1] ad mē portandās trādidistī, ut scrībis, amīcō tuō.
c) Multīs ad philosophandum[2] obstitērunt[3] dīvitiae.
d) Pietātī summa tribuenda laus est.
e) Dīligentia in omnibus rēbus plūrimum[4] valet. Haec praecipuē[5] colenda est nōbīs, haec semper adhibenda[6].
f) Dialectica[7] est ars vēra ac falsa diiūdicandī[8].
g) Sapientia ars vīvendī putanda est.

2 Bilden Sie die adjektivischen *-nd*-Formen von folgenden Verben: mittere, mūnīre, facere, audīre, adiuvāre, tenēre.

3 Übersetzen Sie die *-nd*-Formen der folgenden Deponentien: in statū nāscendī, tempus moriendī, castra tuenda sunt.

4 Erläutern Sie die *-nd*-Formen in den Lesestücken 31 und 33.

5 Was bedeuten folgende Redewendungen?

a) Docendō discimus.
b) Nihil agendō hominēs male agere discunt.
c) Scrībere scrībendō, dīcere dīcendō discēs.
d) Ante victōriam nōn est triumphandum.
e) Tempore est bene ūtendum.
f) Virtūs laudanda est.
g) In librum legendum dīligentia est adhibenda (vgl. Ü 1 e).

6 Überlegen Sie, wie es dazu kommt, daß der Text in L so viele adjektivische *-nd*-Formen enthält. Klären Sie die Textsorte (26 G 3 und 4).

7 Stellen Sie bestimmte stilistische Besonderheiten des Textes in L fest und beurteilen Sie deren Wirkung auf den Leser bzw. Hörer (27 G 2).

8 Wird der Autor den vom ihm verlangten Voraussetzungen guter Redekunst selbst gerecht?

---

1) *epistula* Brief 2) *philosophārī* philosophieren 3) *obstāre* im Wege stehen 4) *plūrimum* am meisten 5) *praecipuē* besonders 6) *adhibēre* anwenden 7) *dialectica* Kunst der wissenschaftlichen Erörterung 8) *diiūdicāre* unterscheiden

35 Formen der rēs pūblica

I Cicero weist in seiner Schrift *Dē rē pūblicā* darauf hin, daß das Gemeinwesen *(rēs pūblica)* die Sache des Volkes *(rēs populī)* sei, ein Volk aber nicht jede irgendwie zusammengewürfelte Schar, sondern eine große Gruppe von Menschen, die sich in der Anerkennung gleichen Rechtes und gleichen Nutzens zusammengeschlossen haben.

L

Omnis ergō populus,
qui est tālis coetus multitūdinis,
quālem exposuī,
omnis cīvitās,
quae est cōnstitūtiō populī,
omnis rēs pūblica,
quae, ut dīxī, populī rēs est,
cōnsiliō quōdam regenda est.
Id autem cōnsilium
prīmum semper ad eam causam
referendum est,
quae causa genuit cīvitātem.
Deinde aut ūnī tribuendum est
aut dēlēctīs quibusquam
aut suscipiendum est
multitūdinī atque omnibus.
Quārē cum penes ūnum est
omnium summa rērum,
rēgem illum ūnum vocāmus
et rēgnum eius reī pūblicae statum.
Illa autem est cīvitās populāris
- sīc enim appellant -,
in quā populō sunt omnia.

Jede dieser drei Formen der *rēs pūblica* - so fährt Cicero fort - sei zwar nicht vollkommen, habe aber doch ihre Vorzüge, solange das Band halte, das die Gemeinschaft zusammenschließe.

coetus Ansammlung

cōnstitūtiō Ordnung

referendus zu beziehen

quisquam irgendwer

penes (m. Akk.) bei

Ü ① Beschreiben Sie die Funktion der Dative im Zusammenhang mit den -nd-Formen des Textes.

② Welche Funktion haben die Relativsätze?

③ Was bedeutet *quālis rēx - tālis grex*[1]?

---

1) *grex* Herde, Truppe

④ Übersetzen Sie:

a) quālis vir, tālis ōrātiō.
b) quāle opus, tāle praemium.

⑤ In seiner Schrift *Dē lēgibus* (1, 18) definiert Cicero das Gesetz:

lēx est ratiō summa, īnsita[1] in nātūrā, quae iubet ea, quae facienda sunt, prohibetque contrāria.

E Kosmetik

Fōrmae autem dīgnitās colōris bonitāte	*bonitās* s. *bonus*
tuenda est,	
color exercitātiōnibus corporis.	*exercitātiō* s. *exercēre*
Adhibenda praetereā munditia est nōn	*munditia* Reinlichkeit
odiōsa neque	*odiōsus* übertrieben
exquisīta nimis, tantum quae fugit	*exquisītus* ausgesucht
agrestem et inhūmānam neglegentiam.	*agrestis* grob
Eadem ratiō est habenda vestītūs, in quō,	*vestītus* Kleidung
sīcut in plērīsque rēbus,	
mediocritās optima est.	*mediocritās* Mittelmaß

1) *īnsitus* eingeprägt

Eine römische Frau aus Neumagen läßt sich von mehreren sehr gepflegten Dienerinnen frisieren und bedienen. Die Krüge enthalten wahrscheinlich Parfüm und Pflegemittel für die weibliche Schönheit. (Trier, Rhein. Landesmuseum)

36 Das Testament des Hundes (1)

I Das „Testament des Hundes“ stammt aus dem *Liber facētiārum* des Poggio (1380–1459). Unter *facētiae* versteht man humorvoll-witzige Kurzerzählungen, die meist menschliche Schwächen und Eigenheiten zum Thema haben. Sie sind darin den Epigrammen Martials vergleichbar. Poggio, der noch zahlreiche andere Schriften verfaßt hat – u. a. auch eine Polemik gegen das mönchische Leben – stand zeitweilig im Dienst des Papstes und war zuletzt Kanzler seiner Heimatstadt Florenz.

L

Erat sacerdōs in Tūsciā quīdam
rūsticānus,
sed opulentus admodum.
Hic canīculum sibī cārum,
  cum mortuus erat,
  sepelīvit in caemitēriō.
Sentiēns hoc episcopus
et in eius pecūniam animum intendēns
sacerdōtem ad sē vocat.
Sacerdōs,
  quī animum episcopī satis nōverat,
quīnquāgintā aureōs sēcum portāns
ad episcopum dēvēnit,
  quī sepultūram canis graviter accūsāns
  iussit ad carcerēs sacerdōtem dūcī.

rūsticānus einfach
opulentus reich – *admodum* sehr
canīculus ≈ *canis*
sepelīre beerdigen – *caemitērium* Friedhof – *episcopus* Bischof
animum intendere in sich für . . . interessieren
quīnquāgintā fünfzig – *aureus* Goldstück – *dēvenīre* ≈ *venīre*
sepultūra Begräbnis – *graviter* heftig
carcer Kerker

Ü

1 Deklinieren Sie *episcopus animum intendēns* und *sacerdōs aureōs sēcum portāns.*

(2) Übersetzen Sie die Partizipien *intendēns* und *portāns* im Rahmen der Beispiele aus Ü 1 auf mehrfache Weise.

3 Bilden Sie das Partizip Präsens Aktiv von folgenden Verben: studēre, adiuvāre, quaerere, invenīre.

4 Verwandeln Sie die *Gliedsätze* unter Verwendung des Partizips in *Satzglieder*:

a) Hominēs, dum docent, discunt.
b) Quī spērāre dēsinit, dēsinit timēre.
c) Āmentēs[1] sunt, quī amant.
d) Caelum, nōn animum mūtant, quī trāns[2] mare currunt.
e) Bene quī latuit, bene vīxit.

---

1) *āmēns* wahnsinnig *(mēns)* 2) *trāns* über

Die sehr lebendige Darstellung des Kettenhundes ist Bestandteil eines Fußbodenmosaiks aus einer Villa in Pompeji.

5 Übersetzen Sie:

a) Amantium īra amōris integrātiō[1] est.
b) Beātī possidentēs sunt.
c) Nōn possidentem multa vocāmus rēctē beātum.
d) Dīc[2], hospēs[3], Spartae nōs tē hīc vīdisse iacentēs!

6 Setzen Sie das fehlende P. P. A. ein.

a) Lēx est rēcta ratiō (imperāre) honesta, (prohibēre) contrāria.
b) Mendācī[4] hominī nē vērum quidem (dīcere) crēdere solēmus.
c) Ut oculus, sīc animus sē nōn (vidēre) alia[5] cernit.
d) Epamīnōndās (imperāre) patriam Lacedaemoniīs relinquēbat, quam accēperat (servīre).

7 Vergleichen Sie die Aussage von Ü 6 a mit 35 Ü 5.

8 Welche Einstellung gegenüber dem Politischen spricht aus Satz e in Ü 4?

9 Welche Auffassung gegenüber materiellem Besitz spricht aus den Sätzen b und c in Ü 5? Versuchen Sie, Begründungen für die unterschiedlichen Ansichten zu geben.

---

1) *integrātiō* Erneuerung 2) *dīc* Imperativ von *dīcere* 3) *hospēs* Fremder 4) *mendāx* lügnerisch 5) *alia* anderes

37 Das Testament des Hundes (2)

L

Hīc vir sapiēns „Ō pater“, inquit,
„cognōscēns, quā prūdentiā canīculus fuit,
nōn mīrāris,
sī sepultūram inter hominēs meruit;
fuit enim plūs quam ingeniō hūmānō,
tum in vītā, tum praecipuē in morte.“
„Quidnam hoc est?“ ait episcopus.
„Testāmentum“, inquit sacerdōs,
„in fīne vītae condēns
sciēnsque egestātem tuam
tibī quīnquāgintā aureōs
ex testāmentō relīquit,
quōs mēcum portāvī.“
Tum episcopus
et testāmentum
et sepultūram comprobāns
ac pecūniam accipiēns
sacerdōtem absolvit.

sepultūra Begräbnis - *merēre* verdienen
praecipuē besonders
quidnam was denn?
testāmentum condere ein Testament abfassen
egestās Armut
quīnquāgintā aureōs s. 36 L
comprobāre ≈ *probāre*
absolvere von Schuld freisprechen

Ü

1 Übersetzen Sie:

a) Catō singulārī[1] fuit prūdentiā et indūstriā[2].
b) Agēsilāus et statūrā[3] fuit humilī et corpore exiguō.
c) Hannibalis nōmen erat magnā apud omnēs glōriā.

② Übersetzen Sie die Partizipien des Lesestückes auf mehrfache Weise. Bilden Sie verschiedene Arten von Gliedsätzen.

③ Bestimmen Sie die Funktion der Ablative in L und in Ü 1.

④ Beschreiben Sie den gedanklichen Aufbau des „Testaments“.

5 Vergleichen Sie die Fazetie mit dem Epigramm Martials (z. B. 6 L, 6 E, 7 L, 16 L, 17 L).

6 Welcher Textsorte ist die literarische Gattung (26 G 2–4) der Fazetien zuzurechnen?

---

1) *singulāris* einzigartig 2) *indūstria* Beharrlichkeit 3) *statūra* Gestalt

E Hannibal wird von Gesandten aus Karthago nach Hause zurückgerufen

Ad Hannibalem quoque lēgātī ab Carthāgine
revocantēs in Āfricam vēnērunt.
Frendēns gemēnsque
ac vix lacrimīs temperāns
dīcitur lēgātōrum verba audīvisse.
„Vīcit ergō Hannibalem“, inquit,
„nōn populus Rōmānus
totiēns caesus fugātusque,
sed senātus Carthāginiēnsis
obtrectātiōne atque invidiā.“
Rārō quemquam alium
patriam exiliī causā relinquentem
tam maestum abīsse ferunt
quam Hannibalem hostium terrā excēdentem;
respexisse saepe Italiae lītora
deōs hominēsque accūsantem.

revocāre zurückrufen
frendere mit den Zähnen knirschen
gemere stöhnen
temperāre (m. *Abl.*) sich enthalten
totiēns so oft – *fugāre* verjagen
obtrectātiō Mißgunst
quemquam alium jemand anderen
causā wegen
maestus traurig – *ferunt* man berichtet – *excēdere* (m. *Abl.*) verlassen

Der Mönch Eadwine beim Kopieren eines Buches. Miniatur aus dem Canterbury Psalter (um 1150)

38 Der barmherzige Samariter

I Der Text des folgenden Lesestückes stammt aus der lateinischen Übersetzung des Lukas-Evangeliums (10,30–37). Lateinische Versionen des Alten und des Neuen Testaments gibt es bereits seit dem Ende des 2. Jahrhunderts nach Chr. Sie kursierten unter dem Namen *Vetus Latīna*. Die Tatsache, daß sich diese Übersetzungen teilweise erheblich voneinander unterschieden, veranlaßte Papst Damasus I., den lateinischen Kirchenlehrer Hieronymus (348–420) im Jahre 383 mit einer Bibelrevision zu beauftragen. Von dieser Revision setzten sich die Neubearbeitung der Evangelien und die Neuübersetzung des Alten Testaments durch.
Seit dem Mittelalter wird die von Hieronymus erstellte Fassung, die um 800 von dem Theologen und Vertrauten Karls des Großen, Alkuin, erneut revidiert worden war, als *(Ēditiō) Vulgāta* („die allgemein verbreitete und gültige Ausgabe") bezeichnet.

L Auf die Frage eines Rechtsgelehrten *(lēgis perītus)*, wen man als seinen Nächsten anzusehen habe, antwortet Jesus mit folgendem Gleichnis:

Homō quīdam dēscendēbat ab Ierūsalēm
in Ierichō
et incidēbat in latrōnēs,
  quī etiam dēspoliāvērunt eum:
et plāgīs impositīs abiērunt
et sēmivīvō relictō.
Posteā autem sacerdōs quīdam
dēscendēbat eādem viā:
et vīsō illō praeteriit.
Similiter et Levita vidēns eum trānsiit.
Samaritānus autem quīdam iter faciēns
vēnit ad eum:
et vidēns eum misericordiā mōtus est.
Et appropinquāns alligāvit vulnera eius
et īnfundēns oleum et vīnum:
et impōnēns illum in iūmentum suum
dūxit in stabulum et cūram eius ēgit.
Et alterō diē prōtulit duōs dēnāriōs
et dedit stabulāriō et ait:
„Cūram illīus habē;
et quodcumque rogāveris, egō,
cum redierō, reddam tibī."
Quis hōrum trium vidētur tibī
proximus fuisse illī,
quī incidit in latrōnēs?
At ille dīxit:
Quī fēcit misericordiam in illum.
Et ait illī Iēsūs: Vāde et tū fac similiter.

latrō Räuber
dēspoliāre ausrauben
plāga Schlag – *sēmivīvus* halbtot
praeterīre vorübergehen
similiter Adv. zu similis
alligāre verbinden
īnfundere darauf gießen
iūmentum Lasttier
prōtulit er holte hervor
dēnārius Denar (röm. Münze)
stabulārius Stallwärter
quodcumque was auch immer
fac 2. Sg. Imperativ von *facere*

Ü ① Stellen Sie die Demonstrativpronomina in den Lektionen 36 und 37 fest und beschreiben Sie ihre Bedeutung.

[2] Übersetzen Sie:

a) Quod honestum est, idem est ūtile[1].

b) Fuit ōlim[2] quīdam senex mercātor[3]; nāvem is frēgit[4] apud Andrum īnsulam[5]; is obiit mortem[6].

c) Homō Hasdrubalem quīdam ob īram interfectī ab eō dominī necāvit (vgl. zur Übersetzung Ü 5 und 6).

d) Accurrit[7] quīdam nōtus mihĭ nōmine tantum.

[3] Beachten Sie die Verwendung des Futur II:

a) Dēsinēs timēre, sī spērāre dēsieris.

b) Cum omnia habueris, tunc habēre et sapientiam volēs?

④ Geben Sie den *Ablātīvus absolūtus* mit verschiedenen Gliedsätzen wieder: religione neglēctā, sublātīs amīcitiīs, tyrannō interfectō, animīs mōtīs.

⑤ Beachten Sie den *Genitīvus obiectīvus* und beschreiben Sie seine Funktion: amor patris, timor mortis, cūra reī pūblicae, spēs pretiī, invidia amīcōrum.

⑥ Übersetzen Sie die Wendung *ob īram interfectī ab eō dominī* mit einem Gliedsatz. Beachten Sie den von *ob īram* abhängigen *Gen. obiectīvus.*

[7] Woran ist auf den ersten Blick zu erkennen, daß der Text aus E Bestandteil einer Rede ist?

[8] Welche auffallenden Stilmittel enthält E?

E Aus einer Rede Catos an seine Soldaten

Cōgitāte cum animīs vestrīs:
Sī quid vōs per labōrem rēctē fēceritis,
labor ille ā vōbīs citō recēdet,
bene factum ā vōbīs, dum vīvitis,
nōn abscēdet;
sed sī quā per voluptātem nēquiter fēceritis,
voluptās citō abībit,
nēquiter factum illud apud vōs semper
manēbit.

quid etwas
recēdere ≈ *cēdere*
abscēdere ≈ *cēdere*
quā irgendwie – *nēquiter* schlecht

---

1) *ūtilis* nützlich 2) *ōlim* einmal 3) *mercātor* Kaufmann 4) *frēgit* er hat verloren 5) *īnsula* Insel 6) *obīre mortem* den Tod erleiden 7) *accurrit* er eilt herbei

39 Der Verrat des Judas

I Vor seiner Gefangennahme befindet sich Jesus mit seinen Jüngern in einer *vīlla*, die man Gethsemane nannte. Er verläßt die Jünger mehrmals für eine kurze Zeit, um zu beten, und trifft sie bei seiner Rückkehr jedesmal schlafend an. Zum Schluß spricht er zu ihnen: „Hört auf zu schlafen. Die Stunde ist nahe, und der Sohn des Menschen wird in die Hände der Sünder gegeben werden. Steht auf und laßt uns gehen. Siehe, schon ist derjenige gekommen, der mich verraten wird.“ Der Text stammt – wie der Text der nächsten Lektion – aus dem Evangelium des Matthäus (26,47–51 und 52–56).

L

Adhūc eō loquente
ecce Iūdās ūnus dē duōdecim vēnit
et cum eō turba multa cum gladiīs
  et fūstibus,
missī ā prīncipibus sacerdōtum
  et seniōribus populī.
Quī autem trādidit eum;
dedit illīs sīgnum dīcēns:
Quemcumque ōsculātus erō,
ipse est. Tenēte eum.
Et cōnfēstim accēdēns ad Iēsūm
dīxit: Avē Rabbi. Et ōsculātus est eum.
Dīxitque illī Iēsūs:
Amīce, ad quid vēnistī?
Tunc accessērunt
et manūs iniēcērunt in Iēsūm
et tenuērunt eum.
Et ecce ūnus ex eīs, quī erant cum Iēsū,
extendēns manum exēmit gladium suum
et percutiēns servum prīncipis sacerdōtum
amputāvit auriculam eius.

duōdecim zwölf
multa (Nom. Sg. Fem.) viel, groß
fūstis Stock
seniōrēs die Älteren
ōsculārī küssen
cōnfēstim sofort
manūs inicere Hand anlegen
extendere ausstrecken – *eximere* herausziehen – *percutere* schlagen
amputāre abschlagen – *auricula* ≈ *auris* (eig. „Öhrchen“)

Ü [1] Beachten sie die verschiedenen Formen des *Ablātīvus absolūtus*:

a) Pȳthagorās Tarquiniō Superbō rēgnante in Italiam vēnit.

b) Caesar explōrātīs regiōnibus omnēs cōpiās castrīs ēdūcit.

c) In corpore apertum est vel exstinctō[1] animō vel ēlāpsō[2] nūllum residēre[3] sēnsum.

d) Cēnantibus autem eīs accēpit Iēsūs pānem[4] et benedīxit[5] ac frēgit deditque discipulīs suīs et ait: „Accipite et comedite[6]: hoc est corpus meum.“

---

1) *exstingu-ō* ich lösche aus 2) *ēlāb-or* ich entrinne 3) *residēre* zurückbleiben 4) *pānis* Brot 5) *benedīcere* weihen 6) *comedere* gemeinsam essen

Der italienische Maler und Baumeister Giotto (1266–1337) hat u. a. 36 Szenen aus der Vorgeschichte und dem Leben der Maria und dem Leben Jesu gemalt. Die Bilder befinden sich in der Arena-Kapelle von Padua, die um 1300 von Enrico Scrovegni auf dem Gelände einer röm. Arena errichtet worden ist. (Padua, Capella degli Scrovegni)

(2) Welcher Art von Gliedsatz entspricht der *Abl. abs.* in folgenden Sätzen?

a) Hominēs ab omnī timōre līberōs esse dēbent deō rēs hūmānās regente.

b) Sōle oriente hostēs oppidum aggressī sunt.

c) Igne ārdente fūmus[1)] vidētur.

d) Tiberiō imperante Christus crucī fīxus est.

[3] Übersetzen Sie den *Abl. abs.* mit verschiedenen Gliedsätzen:
Nūllō adiuvante
- Herculēs summōs labōrēs patiēbātur.
- id nōn faciam.
- senex ā virō crūdēlī oppressus est.
- profectī sumus.

[4] Beachten Sie das verallgemeinernde Relativpronomen:

a) Quodcumque rogāveris, reddam tibī.

b) Quaecumque orta sunt, aliquandō interībunt.

c) Clēmentia[2)], in quamcumque domum pervēnerit, eam fēlīcem[3)] tranquillamque[4)] praestābit.

---

1) *fūmus* Rauch 2) *clēmentia* Nachsicht 3) *fēlīx* glücklich 4) *tranquillus* still

40 Jesu Gefangennahme

L

Tunc ait illī Iēsūs:
Converte gladium tuum in locum suum.
Omnēs enim, quī accēperint gladium,
gladiō perībunt.
An putās, quia nōn possum rogāre patrem meum,
et exhibēbit mihī modo plūs
quam duōdecim legiōnēs angelōrum?
Quōmodō implēbuntur Scrīptūrae,
quia sīc oportet fierī?
In illā hōrā dīxit Iēsūs turbīs:
Tamquam ad latrōnem exīstis cum gladiīs
et fūstibus comprehendere mē:
cottīdiē apud vōs sedēbam docēns
in templō,
et nōn mē tenuistis.
Hoc autem tōtum factum est,
ut adimplērentur Scrīptūrae
prophētārum.
Tunc discipulī omnēs relictō eō fūgērunt.

quia daß

exhibēre geben – *modo* sogleich

duōdecim zwölf

implēre erfüllen – *Scrīptūrae* die Heiligen Schriften

latrō Räuber

fūstis Stock

ut adimplērentur damit erfüllt würden – *prophēta* Prophet

Ü

1 Welche Formen gehören zu *posse*? Bestimmen und übersetzen Sie diese. Bestimmen Sie dann auch die restlichen Formen: potest, petēns, petunt, possunt, portās, potuit, posuērunt, poterāmus, poterō, post.

2 Übersetzen Sie:

a) Nēmō semper beātus esse potest.

b) Nōn omnia possumus omnēs.

c) Urbs expūgnārī nōn potuit.

3 Bilden Sie mit Hilfe von *fierī* die Passiv-Formen zu *facit, faciēbant, facient, facere.*

4 Beachten Sie vor allem die Formen von *posse* und *fierī*:

a) Summam potestātem nancīscī potuit.

b) Omne malum nāscēns opprimī potest.

c) Nōn possum adventum imperātōris nōn nūntiāre.

d) Respondēte nunc, sī poteritis.

Die Elfenbeinplatte aus dem 5. Jh. n. Chr. stellt einen Apostel in der Pose eines Redners oder Predigers dar. (Paris, Louvre)

e) Potesne respondēre?

g) Proelium factum est.

f) Fīet hostium impetus hōrā prīmā.

h) Initium pūgnae factum est ab hostibus.

i) Quid in tālēs hominēs fierī potest?

[5] Wiederholen und erweitern Sie die Übersicht über die Wortausgänge und -endungen (17 G 3). Vgl. 22 Ü 5.

(6) Beschreiben Sie Übereinstimmungen und Unterschiede zwischen E 1 und E 2.

E1 Ich liebe dich nicht (Martial)

Nōn amŏ tē, Sabidī, nec possum dīcere quārē:
hoc tantum possum dīcere, nōn amŏ tē.

Sabidī Vokativ zu *Sabidius*

E2 Ich hasse und liebe zugleich (Catull)

Ōdī et amō, quārē id faciam, fortāsse requīris.
Nesciŏ, sed fierī sentiŏ et excrucior.

quārē id faciam warum ich das tue
excruciārī sich quälen *(crux)*

41 Das Pfingstwunder der Sprache

L Als fünfzig Tage nach Ostern der Morgen des Pfingstfestes anbrach, kamen alle an einer Stelle zusammen:

Et factus est repente dē caelō sonus
tamquam advenientis spīritūs vehementis
et replēvit tōtam domum, ubī erant sedentēs.
Et appāruērunt illīs dispertītae linguae
tamquam ignis.
Sēditque suprā singulōs eōrum:
et replētī sunt omnēs Spīritū sānctō
et coepērunt loquī variīs linguīs,
prout Spīritus sānctus dābat ēloquī illīs.
Erant autem in Ierūsalēm habitantēs Iūdaeī,
virī religiōsī ex omnī nātiōne,
quae sub caelō est.
Factā autem hāc vōce
convēnit multitūdō et mente cōnfūsa est,
quōniam audiēbat ūnusquisque
linguā suā illōs loquentēs.
Stupēbant autem omnēs
et mīrābantur dīcentēs:
Nōnne ecce omnēs istī, quī loquuntur, Galilaeī sunt,
et quōmodo nōs audīvimus linguam nostram,
in quā nātī sumus?
Parthī et Mēdī et Aelamītae
et quī habitant Mesopotamiam,
Iūdaeam et Cappadociam,
Pontum et Asiam, Phrygiam et Pamphyliam,
Aegyptum et partēs Libyae,
quae est circā Cyrēnēn,
et advenae Rōmānī, Iūdaeī quoque,
et Prosēlytī, Crētēs et Arabēs:
Audīvimus eōs loquentēs nostrīs linguīs

dispertītus verschiedenartig

prout je nachdem wie – *ēloquī* ≈ *loquī*

religiōsus vgl. *religiō*

cōnfūsus verwirrt (worden)

stupēre staunen

nōs wir

advena Einwanderer

Prosēlytī vom Heidentum zum Judentum Bekehrte

magnālia Deī.	*magnālia* große Taten
Stupēbant autem omnēs	
et mīrābantur ad invicem dīcentēs:	*ad invicem* zu einander
Quidnam vult hoc esse?	*quidnam* ≈ *quid* und *nam*
Aliī autem irrīdentēs dīcēbant:	*irrīdēre* ≈ *rīdēre*
Quia mustō plēnī sunt istī.	*mustum* Wein

Ü

① Vergleichen Sie die Texte L und E miteinander. In welchem Verhältnis stehen die Texte zueinander?

② Beschreiben Sie das Verhalten der Menschen in L vor dem Hintergrund des Geschehens in E.

E

Turmbau zu Babel (1. Mose 11,1–9)

Es hatte aber alle Welt einerlei Zunge und Sprache. Da sie nun zogen gen Morgen, fanden sie ein ebenes Land im Lande Sinear und wohnten daselbst. Und sie sprachen untereinander: Wohlauf, laßt uns Ziegel streichen und brennen! Und nahmen Ziegel zu Stein und Erdharz zu Kalk. Und sprachen: Wohlauf, laßt uns eine Stadt und einen Turm bauen, des Spitze bis an den Himmel reiche, daß wir uns einen Namen machen. Denn wir werden sonst zerstreut in alle Länder. Da fuhr der Herr hernieder, daß er sähe die Stadt und den Turm, die die Menschenkinder bauten. Und der Herr sprach: Siehe, es ist einerlei Volk und einerlei Sprache unter ihnen allen, und sie haben das angefangen zu tun; sie werden nicht ablassen von allem, was sie sich vorgenommen haben zu tun. Wohlauf, lasset uns herniederfahren und ihre Sprache daselbst verwirren, daß keiner des anderen Sprache verstehe. Also zerstreute sie der Herr von dort in alle Länder, daß sie mußten aufhören die Stadt zu bauen. Daher heißt ihr Name Babel, daß der Herr daselbst verwirrt hatte aller Länder Sprache und sie zerstreut von dort in alle Länder.

Pieter Bruegel „Der Turmbau zu Babel“ (1563). (Wien, Kunsthistorisches Museum)

42 Die Pfingstpredigt des Petrus

I Petrus gehörte zu den engsten Vertrauten Jesu. Er trat gelegentlich als Wortführer der Jünger auf. In den Apostelverzeichnissen steht er an erster Stelle (Apostelgesch. 1, 13). Daraus ist auch seine führende Stellung in der christlichen Kirche nach dem Tod Jesu ersichtlich. Er war der erste, dem der auferstandene Christus erschienen ist (Lukas 24, 34). Dadurch wurde er der geschichtliche Stifter der Kirche. Nach der Überlieferung wurde er im Jahre 64 unter Nero als Märtyrer hingerichtet.

L

Stāns autem Petrus cum ūndecim
levāvit vōcem suam
et locūtus est eīs:
Virī Iūdaeī
et quī habitātis Ierūsalēm ūniversī,
hoc vōs nōscite
et auribus percipite verba mea.
Nōn enim, sīcut vōs exīstimātis,
hī ēbriī sunt,
quia est hōra diēī tertia:
Sed hoc est, quod dictum est
per prophētam Iōēl:
Et erit in novissimīs diēbus
(dīcit Dominus):
effundam dē Spīritū meō
super omnem carnem:
et prophētābunt fīliī vestrī
et fīliae vestrae, et iuvenēs vestrī
vīsiōnēs vidēbunt,
et seniōrēs vestrī somnia somniābunt.
Et quidem super servōs meōs
et super ancillās meās
in diēbus illīs effundam dē Spīritū meō,
et prophētābunt;
Et dābō prōdigia in caelō sūrsum
et sīgna in terrā deorsum,
sanguinem et ignem et vapōrem fūmī:
Sōl convertētur in tenebrās
et lūna in sanguinem,
antequam venit diēs Dominī
magnus et manifēstus.
Et erit: omnis, quī invocāverit
nōmen Dominī,
salvus erit.

ūndecim elf
vōs ihr
percipere zu *capere*
ēbrius betrunken
effundere ausgießen
carō, carnis Fleisch
prophētāre prophezeien
vīsiō Erscheinung
somniāre vgl. *somnium*
ancilla Magd
prōdigium Wunderzeichen – *sūrsum* oben, nach oben – *deorsum* unten, nach unten – *vapor* Qualm – *fūmus* Rauch
tenebrae Finsternis
invocāre vgl. *vocāre*

Ü

1 Beschreiben Sie die Textsorte und die Besonderheiten der literarischen Gattung des Textes.

2 Ermitteln Sie einige auffallende stilistische Besonderheiten.

③ Bestimmen Sie die Arten der Gliedsätze.

4 Wiederholen Sie die Formen der Demonstrativpronomina: ille, illa, illud (14), hic, haec, hoc (15), ipse, ipsa, ipsum (31), īdem, eadem, idem (38). Unterscheiden Sie die Bedeutung dieser Pronomina.

Jesu *discipulī*, die späteren Apostel, sind immer wieder künstlerisch dargestellt worden. Das Bild aus dem Baptisterium der Orthodoxen in Ravenna (5. Jh.) zeigt die zwölf Apostel. Im Mittelpunkt sieht man die Taufe Christi im Jordan. Der Fluß ist in Gestalt des kleinen bärtigen Mannes als Flußgott personifiziert. Daß heidnische Elemente und Symbole in die Verbildlichung christlichen Geschehens einbezogen wurden, war in der damaligen Zeit nicht selten.

43 Die Bedeutung der Philosophie

I In seinen 124 Briefen *(epistulae)* an seinen Freund Lucilius behandelt Seneca Grundfragen menschlicher Existenz. Immer wieder versucht er darzulegen, welche Bedeutung der Philosophie als Lebenshilfe zukommt. Im Mittelpunkt seiner Ausführungen stehen das Problem des Todes und der Todesbereitschaft und die Forderung nach Menschenliebe, sozialem Verständnis und menschlicher Vervollkommnung.

L

Illud autem tē, mī Lūcīlī,
rogō atque hortor,
ut philosophiam in praecordia īma
dēmittās
et experīmentum prōfectūs tuī capiās
nōn ōrātiōne nec scrīptō,
sed animī fīrmitāte, cupiditātum
dēminūtiōne:
verba rēbus probā.
Aliud prōpositum est dēclāmantibus
  et adsēnsiōnem corōnae captantibus;
aliud hīs, quī iuvenum et ōtiōsōrum
  aurēs
  disputātiōne variā aut volūbilī dētinent:
facere docet philosophia, nōn dīcere,
et hoc exigit,
  ut ad lēgem suam quisque vīvat,
  nē ōrātiōnī vīta dissentiat
    aut ipsa inter sē vīta,
  ut ūnus sit omnium āctiōnum color.
Māximum hoc est et officium sapientiae
et indicium, ut verbīs opera concordent,
  ut ipse ubīque pār sibī īdemque sit.

mī Vokativ zu *meus* - *Lūcīlī* Vokativ zu *Lūcīlius*
praecordia Herz - *īmus* der tiefste
experīmentum Probe - *prōfectus* Fortschritt
fīrmitās Festigkeit
dēminūtiō Verminderung
dēclāmāre Reden halten
adsēnsiō Zustimmung - *corōna* Menschenmenge - *captāre* zu *capere*
ōtiōsus zu *ōtium*
disputātio Erörterung - *volūbilis* gewandt - *dētinēre* zu *tenēre*
dissentīre im Widerspr. stehen zu (Dat.)
āctiō Handlung
indicium Kennzeichen - *concordāre* übereinstimmen - *ubīque* überall

Ü 1 Übersetzen Sie:

a) Hoc tē prīmum rogō, nē dēmittās animum.
b) Ōrō, ut hominēs miserōs servēs.
c) Vōs moneō, ut cēdātis.
d) Optāmus, ut corpus contendātis.
e) Themistoclēs populō persuādet, ut pecūniā pūblicā classem īnstruat.
f) Postulāmus, nē facinus faciātis.

[2] Bilden Sie die 3. Pers. Pl. Konj. Präs. von *adīre, amāre, nāscī, ārdēre, dūcere, aggredī.*

[3] Stellen Sie die Formen des Konjunktivs fest: errās, sint, faciās, hortantur, dēfendam, erāmus, fīgātis, fīat, fīet, persuādeat, moneam, tacet.

(4) Beachten Sie Formen und Bedeutung von *alius*:

a) Est proprium stultitiae aliōrum vitia cernere, oblīvīscī suōrum. b) Adiit Capuam atque Surrentum multaque alia oppida. c) Alius aliud metuit. d) Aliī aliōrum meminērunt. e) Alius ab aliō perturbātur. f) Aliud aliō placet.

(5) Was ist das für den Autor des Textes charakteristische Kennzeichen der Philosophie?

E Die Pflichten eines Hausverwalters

Haec erunt vīlicī officia:
disciplīnā bonā ūtātur.
Fēriae serventur.
Aliēnō manum abstineat, sua servet
dīligenter.
Lītibus familia supersedeat,
sī quis quid dēlinquit,
prō noxā bonō modō vindicet.
Familiae male nē sit, nē algeat, nē ēsuriat;
opera bene exerceat ...
Vīlicus nē sit ambulātor; sōbrius sit semper;
ad cēnam nē quō eat. Familiam exerceat.
Cōnsīderet, ut fīant, quae dominus imperāvit.
Nē plūs cēnseat sapere sē quam dominum.
Amīcōs dominī, eōs habeat sibī amīcōs.

vīlicus Verwalter

fēriae Freizeit, Feiertage

dīligenter (Adv.) sorgfältig

lītes Streitigkeiten – *supersedēre* (m. Abl.) sich enthalten – *quis* jemand – *quid dēlinquere* etwas falsch machen – *noxa* Schuld – *male esse* schlecht ergehen – *algēre* frieren – *ēsurīre* hungern

ambulātor Herumtreiber – *sōbrius* nüchtern – *quō* irgendwohin

Olivenernte. Nachzeichnung eines griech. Vasenbildes.

44 Fragen eines Philosophen

I In der Schrift *Dē ōtiō* beschreibt Seneca die Lebensform, die es dem Menschen ermöglicht, zu sich selbst zu finden, sich voll zu entfalten und seine Vollendung zu erreichen. Seneca nennt diese Lebensform *ōtium*, d. h. Abkehr von den Anforderungen, Ansprüchen und Ablenkungen des täglichen Lebens und Rückzug auf sich selbst. Das *ōtium* ist die unerläßliche Voraussetzung nicht nur der Selbstentfaltung, sondern auch der wahren, dauerhaften Leistung für die Menschheit. Denn das *ōtium* bietet die Möglichkeit, über die Grundfragen der menschlichen Existenz nachzudenken und zu klären, was sittliche Vollkommenheit *(virtūs)* ist oder worin das Wesen der Götter besteht. Seneca nennt diese geistige Arbeit *contemplātiō* und stellt sie in einen Gegensatz zu *āctiō*. Die menschliche Natur bewähre sich in beidem. Das Argument, daß sich der Philosoph um des bloßen Vergnügens willen oder aus Bequemlichkeit in das *ōtium* zurückziehe, weist Seneca mit dem Hinweis auf die Leistungen zurück, die schon viele Philosophen für die Menschheit erbracht haben.

L

Quaerimus, quid sit virtūs,
utrum ūna plūrēsne sint,
nātūra an ars bonōs virōs faciat;
ūnum sit hoc, quod maria terrāsque
et marī ac terrīs īnserta complectitur,
an multa eius modī corpora deus
sparserit;
continua sit omnis et plēna māteria,
ex quā cūncta gīgnuntur,
an dīducta et solidīs ināne permixtum;
quae sit deī sēdēs,
opus suum spectet an tractet,
utrumne deus extrīnsecus illī
circumfūsus sit
an tōtī inditus;
immortālis sit mundus an inter cadūca
et ad tempus nāta numerandus.

īnsertus (m. Dat.) hineingesetzt
complectī umfassen

sparserit (Konj. Perf.) er setzte in die Welt – *continuus* zusammenhängend

dīductus zerteilt – *solidus* fest
inānis leer – *permiscēre* ≈ *miscēre*

extrīnsecus von außen
circumfūsus umgeben
inditus (m. Dat.) enthalten in
cadūcus vergänglich

Ü

1 Unterscheiden Sie die verschiedenen Typen der indirekten Frage:

a) Vidēs et scīs, quantum philosophia et quemadmodum nōs adiuvet in rēbus māximīs.

b) Quaerimus igitur, quid sit extrēmum bonōrum.

c) Nescīmus, deōrumne cōnsiliō mundus regātur.

d) Xenophōn Sōcratem cōnsulit, sequāturne Cȳrum.

e) Quaeritur, virtūs suamne propter dīgnitātem an propter aliōs frūctūs petātur.

f) Nihil interesse putant, valeāmus an aegrī sīmus.

g) Quaerendum est, utrum aliquid (etwas) honestum an turpe (unanständig) sit.

2 Verwandeln Sie die indirekten Fragesätze aus 1a–e in direkte Fragesätze.

③ Bilden Sie aus Senecas Fragen direkte Fragen. Versuchen Sie, eigene Antworten zu geben.

4 Wiederholen Sie 40 E 2 und beachten Sie den indirekten Fragesatz.

5 Formulieren Sie die für die Veränderung von *tractāre* zu traiter und trattare geltende Regel (2 G 1 und 2).

⑥ Wiederholen und ergänzen Sie die Übersicht über die Präfixe (8 G 6–8).

Philosoph aus Pompeji. (Neapel, Nationalmuseum)

45 Die wertvollste Eigenschaft des Menschen

I In dem Brief, aus dem die Texte der beiden folgenden Lesestücke entnommen sind, befaßt sich Seneca mit der traditionellen Frage der Philosophie: Was ist für den Menschen das wahrhaft Gute? Die Antwort, die Seneca gibt, lautet: Es gibt nur ein einziges Gut: Vernunft. Die Begründung dieser Feststellung ist Zweck des Briefes an Lucilius. Alle Wesen haben Qualitäten, die ihnen eigentümlich sind. Der Hirsch hat Schnelligkeit, das Zugtier einen starken Rücken, der Hund Spürsinn usw. Bei jedem Lebewesen muß – so Seneca – die Eigenschaft am höchsten entwickelt werden, für die es von Natur aus bestimmt ist und wonach man es bewertet.

L

In homine optimum quid est? Ratiō.
Hāc antecēdit animālia, deōs sequitur.
Ratiō ergō perfecta proprium bonum est,
cētera illī cum animālibus commūnia sunt.
Valet: et leōnēs; fōrmōsus est:
et pāvōnēs;
vēlōx est: et equī.
Nōn dīcō: in hīs omnibus vincitur.
Nōn quaerō, quid in sē māximum habeat, sed quid suum.
Corpus habet: et arborēs;
habet impetum ac mōtum voluntārium:
et bēstiae et vermēs;
habet vōcem: sed quantō clāriōrem canēs, acūtiōrem aquilae, graviōrem taurī, dulciōrem mōbiliōremque luscinīī.

antecēdere übertreffen
leō Löwe – *fōrmōsus* vgl. *fōrma*
pāvō Pfau
vēlōx schnell
arbor Baum
voluntārius vgl. *voluntās*
vermis Wurm
quantō um wieviel
acūtus scharf – *aquila* Adler
taurus Stier – *luscinius* Nachtigall

Ü

1. Bilden Sie den Komparativ zu *longus, mollis, nōbilis, pulcher, rārus, incrēdibilis, aeger, certus, crūdēlis.*

2. Übersetzen Sie:
   a) Canēs clāriōrem vōcem habent quam hominēs.
   b) Equī altiōrēs sunt quam multa alia animālia.
   c) Marcus doctior est quam Quīntus.
   d) Quantō (um wieviel) pulchrior est Cornēlia quam Iūlia.

3. Stellen Sie einige Adjektive zusammen, die aufgrund ihrer Bedeutung keinen Komparativ zulassen.

④ Beantworten Sie die Fragen:

a) Quid est gravius? Aura aut aurum?

b) Quid est celerius? Fāma aut flūmen?

⑤ Beachten Sie die Bedeutung des Präfix *in-* (8 G 7 u. 8): perītus - imperītus, mortālis - immortālis, certus - incertus, amīcus - inimīcus, aequus - inīquus, nōtus - īgnōtus

⑥ Wodurch unterscheiden sich die Adjektive *facilis* und *difficilis, similis* und *dissimilis*?

⑦ Was haben folgende Adjektive gemeinsam?

innumerābilis, mōbilis, nōbilis, incrēdibilis

⑧ Welche Bedeutung haben die Suffixe *-ilis* und *-bilis* (18 G 2)?

E Gewaltverzicht

Ein grundlegendes politisches Gebot lautet nach Cicero:

Vīs abestō.
Nihil est enim exitiōsius cīvitātibus,
nihil tam contrārium iūrī ac lēgibus,
nihil minus cīvīle et inhūmānius
quam compositā et cōnstitūtā rē pūblicā
quicquam agī per vim.

abestō Imp. d. 3. Pers. Sg.
exitiōsus verderblich
quicquam etwas

Pferde und Reiter aus dem Haus der Julia Felix in Pompeji. (Neapel, Nationalmuseum)

46 Das spezifisch Menschliche

L

Quid in homine proprium? Ratiō.
Haec rēcta et cōnsummāta
fēlīcitātem hominī comparāvit.
   Ergō sī omnis rēs,
      cum bonum suum perfēcit,
   laudābilis est
   et ad fīnem nātūrae suae pervēnit,
   hominī autem suum bonum ratiō est,
   sī hanc perfēcit,
laudābilis est
et fīnem nātūrae suae tetigit.
Haec ratiō perfecta virtūs vocātur
eademque honestum est.
Id itaque ūnum bonum est in homine,
   quod ūnum hominis est.

cōnsummātus (vgl. *summus* und *summa*) vollkommen – *fēlīcitās* Glück

laudābilis zu *laudāre*

Ü

① Beschreiben Sie die Beziehung zwischen Bedingung und Bedingtem:

a) Sī est spēs praemiī, eam cōnfīrmāre dēbēs.

b) Sī placet, licet.

c) Sī cupis pācem, parā bellum.

d) Sī id facis, hodiē postrēmum[1] mē vidēs.

e) Sī fātō omnia fiunt, nihil nōs admonēre[2] potest, ut cautiōrēs[3] sīmus.

f) Sī āmittī vīta beāta potest, beāta esse nōn potest.

g) Nisī id cōnfēstim[4] facis, egō tē trādam magistrātuī.

h) Perīculum ingēns manet, nisī pācī et concordiae cōnsulitis.

i) Sī hoc vitium vītāre necesse est, resistere voluptātibus omnibus vīribus dēbēmus.

k) Sī quid[5] tē vetat bene vīvere, bene morī nōn vetat.

[2] Übersetzen Sie:

a) Occīdis mē, cum istud rogās.

b) Ab officiīs abdūcuntur, cum haec īgnōrant.

c) In ūnā cīvitāte bis[6] improbus fuistī, cum et remīsistī, quod nōn oportēbat, et accipistī, quod nōn licēbat.

---

1) *postrēmum* zum letzten Male 2) *admonēre* zu *monēre* ermahnen 3) *cautus* vorsichtig 4) *cōnfēstim* sofort 5) *quid* etwas 6) *bis* zweimal

Epikur (342–271) hat die *ratiō* als das spezifisch menschliche Vermögen angesehen. Er hielt jedoch die Befreiung von Angst und Schmerz – und das bedeutete für ihn höchste Lust *(voluptās)* – für die eigentliche Aufgabe der *ratiō*. (Rom, Kapitolinische Museen)

3 Welches Stilmittel verwendet der Autor in der ersten Zeile des Textes (11 G 5)?

④ Nehmen Sie Stellung zu den Aussagen von Ü 1 b, c, e, f, k.

47 Schicksal und Willensfreiheit (1)

I Das Verhältnis des Menschen zum Schicksal ist ein immer wieder erörtertes Problem der Philosophie. Seneca sagt in einem Brief an Lucilius, auf welche Weise man mit den Fügungen des Schicksals fertig werden könne. Die entscheidende Voraussetzung ist die seelische Ausgeglichenheit *(aequitās)*. Man müsse zudem die Einstellung gewinnen, daß man Schicksalsschläge doch nicht abwenden könne. Der Lauf der Dinge sei nicht zu ändern. Man solle sein Schicksal tragen und sich nicht dagegen wehren.

L

Nātūra autem hoc, quod vidēs, rēgnum mūtātiōnibus temperat,	*mūtātiō (mūtāre)* Veränderung *temperāre* in Ordnung halten
nūbilō serēna succēdunt,	*nūbilus* wolkig – *serēnus* heiter
perturbantur maria, cum quiēvērunt,	
flant invicem ventī,	*flāre* blasen – *invicem* abwechselnd
noctem diēs sequitur,	
pars caelī cōnsurgit, pars mergitur:	*cōnsurgere* aufgehen – *mergere* untertauchen
contrāriīs rērum aeternitās cōnstat.	*aeternitās (aeternus)* Ewigkeit
Ad hanc lēgem animus noster aptandus est.	*aptāre* anpassen
Hanc sequātur, huic pāreat.	
Et quaecumque fiunt, dēbuisse fierī putet nec obiūrget nātūram.	*obiūrgāre* schelten
Optimum est patī, quod ēmendāre nōn potes,	*ēmendāre* berichtigen
et deum, quō auctōre cūncta nāscuntur,	
sine murmurātiōne comitārī:	*murmurātiō* Murren – *comitārī (comes)* begleiten
malus mīles est, quī imperātōrem gemēns sequitur.	*gemere* klagen

Ü

1. Bilden Sie die Formen des Konj. Präs. Pass. von *perturbāre, vidēre, parere, ēdūcere, dīligere, parāre.*

2. Übersetzen Sie:
   a) Audiātur et altera pars.
   b) Quod bonum faustumque[1] sit tibī domuīque tuae, Caesar Auguste.
   c) Fīat iūstitia, et pereat mundus.
   d) Quī cupit pācem, paret bellum.
   e) Mulierēs in ecclēsiā[2] taceant.

---

1) *faustus* günstig, segensreich 2) *ecclēsia* Kirche

f) Omnia grāta tibī accidant.

g) Nē accendās animōs cīvium ad libīdinem dominandī.

h) Nē timōre adductī malum malō addātis.

i) Nē gravī morbō temptētur.

[3] Bilden Sie von folgenden Verben die 3. Pers. Pl. Konj. Präs. Pass.: cognōscere, interficere, necāre, accūsāre.

[4] Stellen Sie die Konjunktiv-Formen fest: absit, nocent, abeant, affīgantur, āmittent, negāmus, pōnat.

[5] Welche grammatische Erscheinung ist in Ü 2 b zu berücksichtigen (vgl. 39 G 3)?

(6) Bestimmen Sie die Funktion der Genitive in Ü 2 g (vgl. 38 G 4).

[7] Welche Wirkung will der Autor mit Hilfe des Hyperbatons in 12 L und 14 L erreichen?

Wenn ein römischer Philosoph einen Gott als Schöpfer aller Dinge erwähnt, dann meint er damit sicher auch Jupiter, den Vater aller Götter und Menschen. Jupiter entspricht dem griechischen Gott Zeus, dessen Gemahlin Hera in der römischen Religion den Namen *Iūnō* trägt. Die Abbildung des göttlichen Paares Zeus und Hera ist Bestandteil eines Tempelschmuckes. Das Kunstwerk ist um 460 v. Chr. in Selinunt (Sizilien) in Kalkstein gehauen worden. (Palermo, Museo Archeologico Nazionale)

48 Schicksal und Willensfreiheit (2)

L

Quārē impigrī atque ācrēs
dīligentēsque excipiāmus imperia
nec dēserāmus hunc operis pulcherrimī cursum,
cui, quidquid patimur, intextum est.
Et sīc appellēmus Iovem,
cuius gubernāculō mundus iste regitur,
quemadmodum Cleanthēs noster
versibus disertissimīs appellat:

Dūc, ō parēns celsīque dominātor polī,
quōcumque placuit: nūlla pārendī mora est.
Adsum impiger. Fac nōlle: comitābor gemēns
malusque patiar, quod patī licuit bonō.
Dūcunt volentem fāta, nōlentem trahunt.

Sīc vīvāmus, sīc loquāmur:
parātōs nōs inveniat atque impigrōs fātum.
Hic est magnus animus, quī sē deō trādidit:
at contrā ille pusillus et dēgener,
quī obluctātur
et dē ōrdine mundī male exīstimat
et ēmendāre māvult deōs quam sē.

intextus eingewoben
gubernāculum das Steuer
disertus gewandt
dūc Imp. v. *dūcere* – *celsus* hoch
dominātor (dominārī) Herrscher
polus Himmelsgewölbe
fac Imp. v. *facere* – *comitārī* begleiten, folgen – *gemere* klagen
pusillus kindisch – *dēgener* entartet
obluctārī sich wehren
ēmendāre bessern

Ü

1 Übersetzen Sie:

a) Vīvāmus, mea Lesbia, atque amēmus.

b) Ōrēmus, ut sit mēns sāna in corpore sānō.

2 Bilden Sie den *Coniunctīvus adhortātīvus* von *poscere, probāre, proficīscī, prōvidēre, excipere, quaerere, rapere, regere, vidēre, spērāre.*

3 Wie lauten die Superlative von *miser, ācer* und *celer*?

4 Lesen Sie die Worte des Cleanthes unter Berücksichtigung des Versmaßes (vgl. 20 G 1).

Zeus oder Poseidon. Kopf einer Bronzestatue aus dem 5. Jh. vor Chr. (Athen, Nationalmuseum)

5 Bilden Sie die 3. Pers. Sg. aller Ihnen bisher bekannten Tempora und Modi von *velle, nōlle, mālle, īre, esse.*

6 Beschreiben Sie die stilistischen Besonderheiten der Cleanthes-Verse.

⑦ Nehmen Sie Stellung zu Ü 1 b.

E Unnatürlicher Reichtum

Ultrā prīvātum pecūniae modum
fortūna tē prōvehat, aurō tegat,
purpurā vestiat,
eō dēliciārum opumque dūcat,
ut terram marmoribus abscondās;
nōn tantum habēre tibī liceat,
sed calcāre dīvitiās;
accēdant statuae et pictūrae
et quidquid ars ūlla lūxuriae ēlabōrāvit:
māiōra cupere ab hīs discēs.
Nātūrālia dēsīderia fīnīta sunt.

ultrā (m. Akk.) über ... hinaus
prōvehere vorwärts bringen
purpura Purpur – *vestīre (vestis)* kleiden – *eō d. opumque* zu dem Maß an Genuß und Reichtum
marmor Marmor – *abscondere* bedecken
calcāre betreten
statua Statue – *pictūra* Gemälde
ēlabōrāre ausarbeiten

dēsīderium Wunsch – *fīnītus* begrenzt

49 Wir wollen unser Leben ändern

I Seneca richtet seinen Appell zum Umdenken zwar an seinen Freund Lucilius; er bezieht ihn aber auch auf sich selbst, indem er bekundet, daß er sich selbst bemühe, entsprechend zu handeln.

L

Dēsināmus, quod voluimus, velle.
Egō certē id agō,
nē senex eadem velim,
quae puer voluī.
In hoc ūnum eunt diēs, in hoc noctēs,
hoc opus meum est, haec cōgitātiō:
impōnere veteribus malīs fīnem.
Id agō, ut mihī īnstar tōtīus vītae diēs sit;
nec mehercule tamquam ultimum rapiō,
sed sīc illum aspiciō,
tamquam esse vel ultimus possit.
Hōc animō tibī hanc epistulam scrībō,
tamquam mē cum māximē scrībentem
mors vocātūra sit;
parātus exīre sum,
et ideō fruar vītā, quia,
quam diū futūrum hoc sit,
nōn nimis pendeō.

in hoc ūnum zu diesem einen Ziel
cōgitātiō (cōgitāre) Denken
īnstar (m. Gen.) gleichbedeutend mit – *mehercule* beim Herkules
cum māximē gerade
ideō deshalb

Ü

① Worin besteht die in den *ut-/nē*-Sätzen formulierte erstrebte oder erwartete Wirkung?

a) Id spectō, ut mox veniam.
b) Magister operam dat, ut bene valeāmus.
c) Cūrant rem pūblicam magistrātūs, ut nōs bene vīvāmus.
d) Rōmānī ab agrō abdūxērunt Cincinnātum, ut dictātor esset.
e) Lēgum omnēs servī sumus, ut līberī esse possīmus.
f) Eō ad tē animō vēnimus, ut dē rē pūblicā esset silentium.
g) Mīles māximā vī contendit, ut summam honōrem adipīscerētur.
h) Nē omitterem ūnum, omnibus maria montēsque pollicitus sum.

[2] Vertauschen Sie die Präsensformen der Hauptsätze in 1a–c gegen Perfektformen.

③ Wie beurteilen Sie die Aussage Ü 1 e?

Darstellung eines Ehepaares auf dem Deckel eines Sarkophags. (Rom, Vatikan)

④ Beachten Sie die Verwendung des Partizip Futur *(coniugātiō periphrastica)*.

a) Rem nōminātūrus sum.

b) Fīet illud, quod futūrum est.

c) Mihī male dīctūrus es.

d) Bellum scrīptūrus sum, quod populus Rōmānus cum Iugurthā gessit.

e) Mē ipsum amēs, nōn mea, sī vērī amīcī futūrī sumus.

E

Vīvāmus, mea Lesbia, atque amēmus
rūmōrēsque senum sevēriōrum
omnēs ūnĭus aestimēmus assis!
sōlēs occidere et redīre possunt:
nōbīs cum semel occidit brevis lūx,
nox est perpetua ūna dormienda.
Dā mī basia mīlle, deinde centum,
dein mīlle altera, dein secunda centum,
deinde ūsque altera mīlle, deinde centum.
dein, cum mīlia multa fēcerīmus,
conturbābimus illa, nē sciāmus
aut nē quis malus invidere possit,
cum tantum sciat esse basiōrum.

rumōrēs Gezeter – *sevērus* streng
ūnĭus aestimāre assis für unbedeutend halten – *occidere* untergehen
semel einmal – *lūx* Licht
perpetuus ewig
mī ≈ *mihī* – *basia* Küsse
mīlle, mīlia tausend
ūsque ohne Unterbrechung
conturbāre verwirren
quis jemand – *invidēre* neidisch sein

50 Freiheit und Notwendigkeit

L

Ante senectūtem cūrāvī,
  ut bene vīverem,
in senectūte,
  ut bene moriar;
bene autem morī est libenter morī.
Dā operam, nē quid umquam invītus
faciās:
  quidquid necesse futūrum est
  resistentī,
id volentī necessitās nōn est.
Ita dīcō:
  quī imperia volēns excipit,
partem acerbissimam servitūtis effugit:
facere, quod nōlit;
nōn quī iussus aliquid facit, miser est,
sed quī invītus facit.
Itaque sīc animum compōnāmus, ut,
  quidquid rēs exigit, id velimus,
et imprīmīs ut fīnem nostrum
sine trīstitiā cōgitēmus.

animum compōnere sich innerlich einstellen

trīstitia Traurigkeit

Ü

1 Übersetzen Sie:

a) Quidquid ortum est, aliquandō interībit.

b) Quisquis adest, silentium teneat.

c) Quidquid agis, prūdenter agās, et respice fīnem.

d) Quidquid id est, timeō Danaōs et dōna ferentēs (Part. bringend).

2 Lesen Sie Ü 1 c und d als daktylischen Hexameter.

3 Unterscheiden Sie:

a) Tibī aliquem librum mittam.

b) Tibī aliquid dē scrīptīs meīs mittam.

④ Beachten Sie die Regeln der Zeitenfolge.

a) Iam diū tē ōrābam, ut novum librum mihī darēs.

b) Hoc tē prīmum rogō, nē dēmittās animum.

c) Omnēs hominēs summā ope nītī decet, nē vītam silentiō trānseant velut pecora.

d) Concessum est ōrātōribus falsa dīcere, ut aliquid clārius loquī possint.

e) Postulābās, ut tibī scrīberem.

f) Poenā crūdēlī affectus est, nē iterum animum ad aliēna bona adiceret.

[4] Verwandeln Sie die Sätze 4a–f in den Singular bzw. Plural.

[5] Vertauschen Sie in den Hauptsätzen 4b–c das Präsens gegen das Perfekt.

(6) Beachten Sie die mehrfache Verwendung des Prädikativums in L (vgl. 12 G 5). Beschreiben Sie seine Funktion.

[7] Stellen Sie einige auffallende stilistische Besonderheiten in L fest und versuchen Sie, diese in ihrer Funktion für den Text zu erklären.

[8] Beschreiben Sie die stilistischen Besonderheiten in E.

(9) Welchen Konjunktiv verwendet der Verliebte?

[10] Um welches Versmaß handelt es sich in E?

E Wandinschrift eines Verliebten

> Quisquis amat, valeat; pereat, quī nescit amāre.
> Bis tantō pereat, quisquis amāre vetat.

bis tantō doppelt so viel

Der Hexameter Ü 1 d ist der „Aeneis" des Dichters Vergil entnommen. Vergil schildert in diesem Werk die Taten und Leiden des Aeneas, eines trojanischen Königssohnes, der nach der Sage zum Urvater des römischen Volkes wurde. Das Bild auf einer griechischen Vase des 6. Jh. v. Chr. zeigt das trojanische Pferd, mit dem die Griechen *(Danaī)* in das seit 10 Jahren belagerte Troja eindringen konnten. Denn die Mehrheit der Trojaner deutete das hölzerne Pferd als ein Weihgeschenk der Griechen. Den Hexameter läßt Vergil einen trojanischen Priester sprechen, der den Einzug des Pferdes zu verhindern versucht. (Florenz, Archäologisches Museum)

51 Das größte Gut

I Cicero will in seiner Schrift *Dē fīnibus bonōrum et malōrum* („Über die Grenzen des Guten und des Schlechten" oder „Über das höchste Gut und das schlimmste Übel") keine eigene Philosophie darstellen. Er hat lediglich die Absicht, seine Landsleute zum Studium der Philosophie anzuregen. Denn diese könne Politikern und Rednern wertvolle Hilfen und Anstöße geben. Die im Jahr 45 v. Chr. entstandene Schrift ist in drei fingierte Gespräche eingeteilt. Das erste umfaßt die Bücher 1 und 2 und behandelt die Lehre Epikurs und der Epikureer. Das zweite Gespräch enthalten die Bücher 3–4. Hier wird die Lehre der Stoiker dargelegt. Das in Buch 5 wiedergegebene dritte Gespräch befaßt sich mit der Philosophie der Akademiker, der Schüler Platons, und Peripatetiker, der Schüler und Nachfolger des Aristoteles. Die ganze Schrift soll die Frage klären helfen, was als das höchste Gut und das schlimmste Übel für den Menschen anzusehen ist.

L

Quaerimus igitur,
quid sit extrēmum
et ultimum bonōrum;
quod omnium philosophōrum
sententiā tāle dēbet esse,
  ut ad id omnia referrī oporteat,
  ipsum autem nūsquam.
Hoc Epicūrus in voluptāte pōnit,
  quod summum bonum esse vult,
  summumque malum dolōrem,
idque īnstituit docēre sīc:
omne animal, simul nātum sit,
voluptātem appetere eāque gaudēre
ut summō bonō, dolōrem aspernārī
ut summum malum et, quantum possit,
ā sē repellere,
idque facere nōndum dēprāvātum
ipsā nātūrā incorruptē atque integrē
iūdicante.
Itaque negat opus esse ratiōne
neque disputātiōne,
  quam ob rem voluptās appetenda,
  fugiendus dolor sit.
Sentīre haec putat ut calēre ignem,
nivem esse albam, mel dulce;
quōrum nihil oportēre
exquisītīs ratiōnibus cōnfīmāre,
tantum satis esse admonēre.

referrī bezogen werden
nūsquam auf nichts
ut wie, als ob es ... sei – *aspernārī* abwehren
repellere (pellere) wegstoßen
dēprāvātus verdorben
incorruptē unverdorben
opus est etwas (Abl.) ist nötig
disputātiō (disputāre) Erörterung
calēre heiß sein
nix, nivis Schnee – *albus* weiß
mel Honig
exquīsītus scharfsinnig

Ü [1] Verwandeln Sie die indirekte Rede in direkte Rede.

a) Solō ratus est nēminem ante mortem beātum esse putandum.

b) Locūtus est Dīviciācus Galliae tōtīus factiōnēs esse duōs.

c) Rōmulus Sabīnās iam raptās docuit patrum id superbiā esse factum, quī cōnūbium fīnitimīs negārent.

d) Ennius ait animum aegrum semper errāre.

[2] Ersetzen Sie die direkte Rede durch indirekte Rede.

a) M. Tullius Cicerō, mihī placuit, inquit, ut summōrum ōrātōrum Graecās ōrātiōnēs legerem.

b) Cicerō exposuit: Litterīs Graecī Rōmānōs superābant.

c) Senātus dēcrēvit: Cicerōnis operā patefacta est coniūrātiō Catilīnae.

d) Cōnsul coniēcit: Hostēs cum omnibus cōpiīs ē castrīs discessērunt.

e) P. Ovidius Nāsō dīcit: Dōnec eris fēlīx, multōs numerābis amīcōs.

Das griechische Vasenbild (500 v. Chr.) zeigt Krösus, den König der Lyder, auf dem Scheiterhaufen. Dieses Schicksal galt als Bestätigung für die Feststellung des *Solō*, daß niemand vor seinem Tode glücklich zu preisen sei. (Paris, Louvre)

52 Eine stoische Schlußfolgerung

I Die Stoiker, die in Buch 3 von Ciceros Schrift *Dē fīnibus bonōrum et malōrum* mit ihrer Meinung über das höchste Gut und das schlimmste Übel dargestellt werden, argumentieren gern mit Hilfe kurzer und scharf formulierter Sätze, die sie in eine logische Beziehung mit einer entsprechenden Schlußfolgerung zu bringen pflegen.

L

Quod est bonum, omne laudābile est;
quod autem laudābile est, omne est honestum;
bonum igitur quod est, honestum est.
Satisne hoc conclūsum vidētur? Certē;
quod enim efficiēbātur ex iīs duōbus,
  quae erant sūmpta,
in eō vidēs esse conclūsum.
Duōrum autem,
  ē quibus effecta conclūsiō est,
contrā superius dīcī solet
nōn omne bonum esse laudābile.
Nam quod laudābile sit,
honestum esse concēditur.
Illud autem perabsurdum
bonum esse aliquid,
  quod nōn petendum sit,
aut petendum, quod nōn placēns,
aut, sī id, nōn etiam dīligendum;
ergō et probandum; ita etiam laudābile;
id autem honestum.
Ita fit, ut, quod bonum sit,
id etiam honestum sit.

conclūdere schließen (im Sinne der logischen Schlußfolgerung) – *ex iīs duōbus* aus diesen beiden Vordersätzen, Prämissen

conclūsiō Schlußfolgerung

superius (sūmptum) die obere (erste) Prämisse

perabsurdus sehr abwegig

Ü ① Beschreiben Sie die Begründungen, die die kausalen Relativsätze enthalten.

a) Stultus esse mihī vidētur, quī abs tē discēdat.

b) Fīdus et gravis est homō, quī contendat ā glōriā sē āfuisse.

c) Quī deum esse neget, eum hominem esse vix putem.

d) Tē omnēs amant fēminae, neque id iniūriā, quī sīs tam pulcher.

② Beachten Sie die Konsekutivsätze in ihrem Verhältnis zu den Hauptsätzen.

a) Tanta vīs iūstitiae est, ut eam etiam in hoste dīligāmus.

b) Nōn possunt in cīvitāte multī fortūnās āmittere, ut nōn plūrēs sēcum in eandem trahant calamitātem.

c) Ēvenit, ut plērīque in fidem atque potestātem magistrātuum sē permittant.

d) Tālēs nōs esse putāmus, ut iūre laudēmur.

E Der glückliche Mensch

In Gorgiā Sōcratēs, ex quō quaesītus est,
Archelāum, Perdiccae fīlium,
quī tum beātissimus haberētur,
nōnne beātum putāret,
„Haud sciō“, inquit,
„numquam enim cum eō locūtus sum.“
„Ain tū? An aliter id scīre nōn potes?“
„Nūllō modō.“
„Tū igitur nē dē Persarum quidem rēge
magnō potes dīcere,
beātusne sit?“
„An egō possum, quī īgnōrem,
quam sit doctus, quam vir bonus?“
„Quid? Tū in eō sitam vītam beātam putās?“
„Ita prōrsus exīstimō bonōs beātōs,
improbōs miserōs.“
„Miser ergō Archelāus?“
„Certē, sī iniūstus.“
Vidēturne omnem hic beātam vītam
in ūnā virtūte pōnere?

ain tū meinst du?
situs gelegen, befindlich
prōrsus durchaus
iniūstus ungerecht

Der mächtige Großkönig der Perser Dārīus gewährt eine Audienz. (Persepolis/Iran)

53 Was ist Philosophie?

I Der 16. Brief Senecas an Lucilius beginnt mit der Feststellung, daß niemand ohne Bemühung um die Weisheit *(sine sapientiae studiō)* glücklich leben *(beātē vīvere)* könne. Ein glückliches Leben werde durch vollkommene Weisheit *(perfectā sapientiā)* erreicht. Lucilius solle sich daher ständig prüfen, ob er in der Philosophie, dem Streben nach der Weisheit, Fortschritte mache.

L

Nōn est philosophia
populāre artificium nec ostentātiōnī
parātum:
nōn in verbīs, sed in rēbus est.
Nec in hoc adhibētur,
ut cum aliquā oblectātiōne cōnsūmātur
diēs,
ut dēmātur ōtiō nausia:
animum fōrmat et fabricat,
vītam dispōnit, āctiōnēs regit,
agenda et omittenda mōnstrat.
Sedet ad gubernāculum
et per ancipitia fluctuantium regit
cursum.
Sine hāc nēmō vacuus metū potest
vīvere,
nēmō sine cūrā.

artificium (ars) Kunst – *ostentātiō (ostendere)* öffentliche Darbietung

oblectātiō Zerstreuung

dēmere fortnehmen – *nausia* Überdruß – *fōrmāre (fōrma)* bilden
fabricāre gestalten

gubernāculum Steuer

per ancipitia fluctuantium durch die Gefahren der Fluten

Ü

① Nennen Sie den Zweck, die Absicht oder die Wirkung der im übergeordneten Satz beschriebenen Handlung.

a) Prōice omnia ista, sī sapis, immō ut sapiās.

b) Operam dēs, nē nostrīs in suspīciōnem veniās.

c) Edimus, ut vīvāmus, nōn vīvimus, ut edāmus.

d) Sōl efficit, ut omnia exsistant.

[2] Setzen Sie die Prädikate der Hauptsätze in L in den Konjunktiv, um ihre Aussagen als bloß möglicherweise zutreffende Aussagen zu charakterisieren.

[3] Unterscheiden Sie Realis und Potentialis.

a) dīcit – dīcat

b) crēdis – crēdās

c) sī sapiās, redeās – sī sapis, redīs.

Das abgebildete Ruderschiff mit vier Weinfässern schmückte das Grabmal eines Weinhändlers aus Neumagen bei Trier. Offensichtlich befuhr man in römischer Zeit mit Schiffen dieses Typs die Mosel. Der Schiffsrumpf zeigt am Bug Augen und Kopf eines Delphins. Der Mann am Steuerruder blickt wohl deshalb so finster, weil es nicht so leicht ist, das schwer beladene Schiff sicher durch die Fluten zu steuern. (Trier, Rheinisches Landesmuseum)

4 Beachten Sie den Prohibitivus und den Optativus.

a) Nē exspectāveris ducis adventum.

b) Utinam avus ab inceptō suō āversus sit.

c) Utinam equōs incitāveritis.

d) Nē futūra praecēperis.

5 Konjugieren Sie nebeneinander Indikativ und Konjunktiv Perfekt Aktiv von *cōnsūmere, dispōnere, incipere, ostendere, regere.*

6 Übersetzen Sie folgende Formen auf mehrfache Weise: ratus sīs, restitērunt, utinam respexeris, responderit, revocāveritis, rogāverint, nē rūperitis, saltāverim.

54 Was nützt mir die Philosophie?

I Der Text des folgenden Lesestückes enthält die Fortsetzung der Auseinandersetzung mit der Frage nach dem Wesen der Philosophie. Ihre Bedeutung wird von denjenigen in Frage gestellt, die – wie die Anhänger der stoischen Lehre – die menschliche Entscheidungs- und Handlungsfähigkeit beschränkt sehen durch das *fātum*, durch die durch göttlichen Willen bestimmte und unwiderruflich festgelegte Weltordnung, mit der das Schicksal jedes einzelnen im voraus völlig festgelegt ist. Das Schicksal ist unabwendbar, und damit ist es auch zwecklos, auf eine das Leben bestimmende Philosophie bauen zu wollen. Auch wenn der Lauf der Welt nicht von einem *fātum*, sondern vom blinden Zufall *(cāsus)* regiert wird, wie Epikurs Anhänger annehmen, ist es sinnlos, sich auf eine Kraft wie die Philosophie zu verlassen, die ja doch nichts gegen den Zufall ausrichten kann. Seneca versucht, den Nutzen der Philosophie als Lebenshilfe trotz dieser gewichtigen Einwände herauszustellen und die mit diesen verbundenen Probleme geradezu als Herausforderung an die Philosophie zu verstehen.

L

Dīcat aliquis: „Quid mihī prōdest philosophia,
sī fātum est?
Quid prōdest, sī deus rēctor est?
Quid prōdest, sī cāsus imperat?
Nam et mūtārī certa nōn possunt
et nihil praeparārī potest adversus incerta,
sed aut cōnsilium meum deus occupāvit
dēcrēvitque, quid facerem,
aut cōnsiliō meō nihil fortūna permittit."
Quicquid est ex hīs, Lūcīlī,
vel sī omnia haec sunt,
philosophandum est:
sīve nōs fāta cōnstringunt,
sīve deus cūncta dīligenter disposuit,
sīve cāsus rēs hūmānās sine ōrdine impellit et iactat,
philosophia nōs tuērī dēbet.
Ad haec hortābitur,
ut deō libenter pāreāmus,
ut fortūnae ferōciter et cōnstanter:
haec docēbit,
ut deum sequāris,
ferās cāsum fortiter.

rēctor (regere) Lenker

praeparāre vorbereiten

Lūcīlī Vokativ

cōnstringere fesseln

ferās Konj. Präs. von *ferre* tragen, ertragen

Ü ① Beachten Sie die Aufzählung der Bedingungen.

a) Veniet tempus mortis, et quidem celeriter, sīve resistēs, sīve properābis.

b) Sīve Sulla, sīve Marius, sīve uterque, sīve Octāvius, sīve Cinna, sīve quī alius cīvīle bellum optāvit, eum improbissimum cīvem reī pūblicae et societātī cīvium nātum iūdicō.

c) Sī fātum tibī est ex morbō convalēscere, sīve medicum adhibueris, sīve nōn adhibueris, convalēscēs.

[2] Bilden Sie das Adverb zu brevis, fēlīx, ācer, crūdēlis.

[3] Unterscheiden Sie folgende Formen: prōsunt, possunt, pōnunt, posuērunt, potuērunt, portāvērunt, poscunt, prōfuērunt, postulant.

④ Wie lautet die Lexikonform?

āfuērunt, abeunt, absolūtō, abstineant, accessistī, accēnsus, accūsāte, acerbō, aciē, āctiōnibus, addiderāmus, addūxeris.

⑤ Welche Funktion wird der Philosophie in L eingeräumt?

[6] Welche Stilmittel verwendet der Autor?

⑦ Was will der Sprecher am Anfang des Textes mit seinen Fragen ausdrücken?

[8] Bilden Sie einige deutsche Beispiele für die rhetorische Frage.

E Pompejanische Wandinschrift eines Verliebten

> Sī, quid amor valeat, nōstī, sī tē hominem scīs,
> commiserēsce meī, dā veniam, ut veniam.

nōstī ~ *nōvistī*
commiserēsce meī habe Mitleid mit mir

Vergleichen Sie dieses Bild des Jupiter mit der Abbildung in Lektion 48. (Rom, Kapitolinische Museen)

55 Ein Gottesbeweis

I Der Text des Lesestückes steht in Ciceros Abhandlung *Dē nātūrā deōrum* aus dem Jahre 44 v. Chr. Das Werk besteht aus drei Büchern, in denen Cicero Vertreter der drei bekanntesten griechischen Philosophenschulen ihre Ansichten über das Wesen der Götter darlegen läßt. Im ersten Buch spricht der Epikureer Gaius Velleius, dessen Ausführungen von dem Akademiker Gaius Aurelius Cotta widerlegt werden. Das zweite Buch enthält die Darlegungen des Stoikers Quintus Lucilius Balbus. Im dritten Buch versucht Cotta dessen Ansichten zu widerlegen. Das Lesestück enthält einige Gedanken des Stoikers Balbus, der unter Berufung auf den Stoiker Chrysipp einen Gottesbeweis zu führen versucht.

L

Chrȳsippus quidem ea dīcit,
 ut ab ipsā nātūrā didicisse,
 nōn ut ipse repperisse videātur:
„Sī enim“, inquit, „est aliquid in rērum nātūrā,
 quod hominis mēns, quod ratiō,
 quod vīs,
 quod potestās hūmāna efficere nōn possit,
est certē id, quod illud efficit, homine melius;
atquī caelestēs rēs omnēsque eae,
 quārum est ōrdō aeternus,
ab homine cōnficī nōn possunt;
est igitur id, quō illa cōnficiuntur, homine melius.
Id autem quid potius dīxeris quam deum?
Nam sī dī nōn sunt,
 quid esse potest in rērum nātūrā homine melius?
In eō enim sōlō est ratiō,
 quā nihil potest esse praestantius;
esse autem hominem,
 quī nihil in omnī mundō melius esse quam sē putet,
dēsipientis arrogantiae est;
ergō est aliquid melius.
Est igitur profectō deus.“

reperīre finden

dī Nom. Pl. zu *deus*

praestāns hervorragend, vorzüglich

dēsipiēns (sapiēns) töricht
arrogantia Anmaßung

profectō tatsächlich

Ü ① Wie läßt sich der Konjunktiv im Relativsatz begründen?

a) Incidunt multae saepe causae, quae perturbent animōs.

b) Multa ē corpore exsistunt, quae accendant animum, multa, quae impediant.

c) Audiēs ex mē fortasse, quod nōn omnēs probent.

[2] Übersetzen Sie:

a) Lingua Graeca locuplētior est Latīnā.

b) Lingua Graeca locuplētior est quam Latīna.

c) Īgnōrāre futūra mala ūtilius est quam scīre.

d) Melior tūtiorque est certa pāx quam spērāta victōria.

e) Quid est in homine dīvīnius ratiōne?

f) Nihil est cārius virtūte.

③ Bestimmen Sie die Bestandteile der zusammengesetzten Wörter: locu-plēs, expōnere, addūcere, perdūcere, quemadmodum, sīcut, suscipere.

④ Nennen Sie Substantive und Adjektive, die mit folgenden Verben bedeutungs- und stammverwandt sind: scīre, rēgnāre, regere, dūcere, cūrāre, currere, gaudēre, gignere, nāscī, movēre.

⑤ Mit welchen Verben sind folgende Substantive und Adjektive bedeutungs- und stammverwandt?

quiēs, rapīna, cōnstāns, cultus, cupiditās, cupīdō, cupidus, custōs, fīrmus, fuga, frūmentum, frūctus, iter, labor, reliquus, mortuus, nōmen, pēs.

[6] Übersetzen Sie:

a) Hominis est errāre.

b) Sapientis est sustinēre invidiam.

c) Stultī hominis est in suspīciōnem venīre.

Philosophisches Gespräch: Platon, der Begründer der Akademie in Athen, sitzt auf einer Steinbank inmitten seiner Schüler und Kollegen. Er zeichnet mit einem Stab eine Figur in den Sand. Stellen Sie weitere Einzelheiten fest. (Neapel, Nationalmuseum)

56 Die Beschäftigung mit maßgebenden Philosophen

I In der Abhandlung *Dē brevitāte vītae* setzt sich Seneca mit der allgemeinen Erfahrung auseinander, daß das menschliche Leben viel zu kurz sei. Seneca hält dem entgegen, daß es uns nicht an Zeit fehle, sondern daß wir nicht richtig mit ihr umgingen. Das Leben sei nicht kurz; wir machten es nur kurz, weil wir es nicht angemessen nutzten. „Das Leben ist lang, wenn man es zu gebrauchen weiß." Wer wirklich leben wolle, müsse seine Zeit der Philosophie weihen. Denn er überschreite damit Raum und Zeit. Er könne mit Sokrates diskutieren oder sich mit Epikur und den Stoikern auseinandersetzen. Wer sich Tag für Tag mit den Werken der großen Philosophen beschäftige, gewinne unendlich viel Zeit und „Lebensqualität".

L

Hōrum tē morī nēmō cōget, omnēs docēbunt;
hōrum nēmō annōs tuōs cōnsūmit,
suōs tibī tribuit;
nūllīus ex hīs sermō perīculōsus erit,
nūllīus amīcitia capitālis,
nūllīus sūmptuōsa observātiō.
Ferēs ex illīs, quicquid volēs:
nōn impedient illī, nē,
quantum cupīveris, tēcum ferās.
Quae illum fēlīcitās,
quam pulchra senectūs manet,
quī sē in hōrum clientēlam contulit.
Habēbit,
cum quibus dē minimīs
māximīsque rēbus dēlīberet,
quōs dē sē cottīdiē cōnsulat,
ā quibus audiat vērum sine contumēliā,
laudētur sine adūlātiōne,
ad quōrum sē similitūdinem fingat.

capitālis (caput) lebensgefährlich
sūmptuōsus (sūmere) aufwendig – *observātiō* Aufwartung
fēlīcitās Glück
manēre (m. Akk.) erwarten
clientēla (cliēns) Schutz
contumēlia Beleidigung
adūlātiō Schmeichelei
similitūdō (similis) Ähnlichkeit

Ü 1 Übersetzen Sie:

a) Nēmō sine perīculō ad summum imperium efferrī solet.
b) Nihil differāmus in proximum diem.
c) Pār pārī referātur.
d) Relāta in forō rettulimus.
e) Nūllum est iam dictum, quod nōn sit dictum prius.
f) Nūllus liber tam malus est, ut nōn aliquā parte prōsit.
g) Quamquam grātiam tibī rettulī, tamen questus es mē neglegentem esse.

Die Schule von Athen (1509). Raffael hat in der vatikanischen Stanza della Segnatura die Geistesgeschichte der Menschheit dargestellt. Auf vier großen Gemälden sind die vier Wege zur Wahrheit dargestellt: die Theologie, die Dichtung, das Recht und die Philosophie. Durch die „Schule von Athen" wird die Philosophie veranschaulicht. In der Mitte sehen wir die Begründer der beiden philosophischen Hauptrichtungen: *Platon* (427–347) und *Aristoteles* (384–322). Platon deutet nach oben, zur Welt der Ideen, Aristoteles zeigt auf die Erde, die Lehrmeisterin der Wahrheitssuchenden. In der Mitte der linken Bildhälfte diskutiert *Sokrates. Diogenes* hat sich auf der Treppe niedergelassen. Vorn rechts erläutert *Euklid* ein geometrisches Problem. (Rom, Vatikan)

(2) Beachten Sie die Verwendung der Konjunktion *nē*.

a) Ea omnēs, nē iterum acciderent, timēbāmus.

b) Metuimus, nē vīrēs nōs dēficiant.

c) Cinnam prohibērī melius fuit impedīrīque, nē tot summōs virōs interficeret.

d) Timeō, nē ōtium labōrī praeferātis.

e) Omnēs ferē verēmur, nē licentiā ūtantur.

f) Nē mīlitēs subitō terga verterent, praetor veritus est.

(3) Aus welchem Grund steht der Konjunktiv in den Relativsätzen des Lesestückes?

[4] Stellen Sie die Formen von *ferre* fest und bestimmen Sie diese: ferō, ferōcem, fiat, feret, fieret, ferāmur, ferrī, ferris, ferē, forum, fuga, ferunt, fugiunt, faciam, fit.

57 Trimalchios Fehltritt

I Trimalchio findet immer wieder einen Grund, sein Gastmahl weiter auszudehnen (vgl. L 22–25); er wird nicht müde, seine Gäste mit neuen Gags zu überraschen. Als er gerade auf das „Bartfest" – die erste Rasur – eines seiner Sklaven anstoßen will, kräht ein Hahn. Trimalchio versteht das „Lied" des Hahnes als böses Vorzeichen (für Feuer oder Tod). Um diese Ereignisse abzuwenden, läßt er Wasser unter den Tisch schütten und die Lampe mit Wein begießen. Dann befiehlt er, den Hahn zu ihm zu bringen und zu schlachten. Das geschieht sogleich, und die Gäste kommen in den Genuß einer köstlichen Suppe.

L Sumptis igitur matteis respiciens ad familiam Trimalchio „quid vos" inquit „adhuc non cenavistis? Abite, ut alii veniant ad officium." Subiit igitur alia classis, et alii quidem exclamaverunt: „vale Gai", hi autem: „ave Gai". Hinc primum hilaritas nostra turbata est; nam postquam puer non inspeciosus inter novos intravit ministros, invasit eum Trimalchio et osculari diutius coepit. Itaque Fortunata, ut ex aequo ius firmum approbaret, male dicere Trimalchioni coepit et purgamentum dedecusque praedicare, qui non contineret libidinem suam. Ultimo etiam adiecit: „Canis".

mattea Leckerbissen – *familia* Dienerschaft

hilaritās Heiterkeit

īnspeciōsus unansehnlich

ōsculārī küssen

ex aequō iūs gleiches Recht
fīrmum approbāre als gültig beanspruchen – *pūrgāmentum* Unflat – *dēdecus* Schandkerl

Ü

① Was ist mit *officium* gemeint? Im Lexikon findet man u. a. folgende Bedeutungsangaben: Dienst, Verrichtung, Gefälligkeit, Liebesdienst, Dienstfertigkeit, Ehrendienst, Amt, Geschäft, Beruf, Pflicht, Pflichterfüllung, Gehorsam, Pflichtgefühl. Wählen Sie die zutreffende Bedeutungsangabe aus und begründen Sie Ihre Auswahlentscheidung.

② Beschreiben Sie den Ablauf der erzählten Handlung. Beachten Sie vor allem das zeitliche/logische Verhältnis zwischen den erzählten Ereignissen.

[3] Welcher Textsorte ist L zuzurechnen?

④ Erschließen Sie den Text mit Hilfe der Übersicht aus 57 G.

⑤ Wiederholen Sie die Lesestücke 22–25.

[6] Beachten Sie den Bedeutungswandel von lat. *minister* zu dem heutigen Wortgebrauch.

⑦ Welche Funktion hat das Wort *canis* am Schluß des Textes?

Familienmahl, nachgezeichnete Bilder von der Igeler Säule, dem Grabmal einer reichen römischen Tuchhändlerfamilie. Das Monument befindet sich noch an seinem ursprünglichen Standort und hat die Stürme der Zeit recht gut überstanden. Die Damen sitzen auf Korbstühlen an einem Holztisch. Die Männer liegen am Tisch; sie reichen den Frauen Trinkbecher. Die Rückwand des Eßzimmers ist mit Vorhängen bedeckt. Links befindet sich ein Raum für Getränke, rechts eine Anrichte. In der Küche (unteres Bild) sieht man die Köche und ihre Gehilfen bei der Arbeit. - Beschreiben Sie weitere Einzelheiten der Darstellung.

E Cato über die Gefahren des Wohlstandes

Saepe me querentem de feminarum, saepe de virorum, nec de privatorum modo, sed etiam magistratuum sumptibus audivistis diversisque duobus vitiis, avaritia et luxuria, civitatem laborare, quae pestes omnia magna imperia everterunt. Haec ego, quo melior laetiorque in dies fortuna rei publicae est imperiumque crescit, eo plus horreo, ne illae magis res nos ceperint quam nos illas.

sūmptus Aufwand
labōrāre (m. Abl.) leiden an
pestis Seuche – *ēvertere* vernichten
quō ... eō je ... desto – *in diēs* von Tag zu Tag
horrēre fürchten

58 Ehestreit

L

Trimalchio contra offensus convicio calicem in faciem Fortunatae immisit. Illa tamquam oculum perdidisset, exclamavit manusque trementes ad faciem suam admovit. Consternata est etiam Scintilla trepidantemque sinu suo texit. Immo puer quoque officiosus urceolum frigidum ad malam eius admovit, super quem incumbens Fortunata gemere ac flere coepit. Contra Trimalchio „Quid enim?" inquit „Ambubaia non meminit? De machina illam sustuli, hominem inter homines feci. At inflat se tamquam rana, et in sinum suum non spuit, codex, non mulier."

convīcium Beschimpfung – *calix* Becher – *immittere* hineinschleudern
perdidisset (als ob) sie verloren hätte
tremere zittern – *cōnsternāre* aus der Fassung bringen – *trepidāre* ängstlich sein
officiōsus diensteifrig
urceolus Krüglein – *frīgidus* kalt
māla Wange
ambūbāia Bänkelsängerin
machina Gerüst (für die Ausstellung von Sklaven) – *sē īnflāre* sich aufblasen – *rāna* Frosch – *spuere* spucken – *cōdex* Klotz

Ü

① Erschließen Sie den Text in den 57 G aufgelisteten Arbeitsschritten.

② Beurteilen Sie die Worte, mit denen Trimalchio seine Handlung begleitet. Was empfindet Trimalchio?

③ Worauf spielt Trimalchio an, wenn er von dem sich aufblasenden Frosch spricht?

④ Welche Bedeutung könnte der Vorgang des *in sinum spuere* haben?

Diatretglas (Netzglas) aus der späten Kaiserzeit. Das Netzwerk ist aus dem Glaskörper herausgeschliffen. Das Kunstwerk war eine Grabbeigabe. (Trier, Rheinisches Landesmuseum)

Trimalchio ist außer sich

„Sed hic, qui in pergula natus est, aedes non somniatur. Ita genium meum propitium habeam, curabo, ut domata sit Cassandra caligaria. Et ego, homo dipundiarius, sestertium centies accipere potui. Scis tu me non mentiri. Agatho unguentarius proxime seduxit me et ‚suadeo' inquit ‚non patiaris genus tuum interire.' At ego, dum bonatus ago et nolo videri levis, ipse mihi asciam in crus impegi. Recte, curabo me unguibus quaeras. Et tu depraesentiarum intellegas, quid tibi feceris: Habinna, nolo statuam eius in monumento meo ponas, ne mortuus quidem lites habeam. Immo, ut sciat me posse malum dare, nolo me mortuum basiet."

pergula Mansarde, Balkon – *aedēs* das eigentliche Haus – *somniārī* träumen, denken an (Akk.) *propitius* gnädig – *domāta* falsch für *domita* – *Cass. calig. C.* in Soldatenstiefeln – *dipundiārius* armselig *sest. centiēs* 10 Millionen *unguentārius* Drogist

nōn falsch für *nē*

bonātus Biedermann

ascia Axt – *in crūs impingere* ins Bein schlagen – *unguis* Kralle

dēpraesentiārum auf der Stelle

lītēs Streit

bāsiāre küssen

[1] Wiederholen Sie die grammatische Erscheinung des Prädikativums (12 G 5).

(2) Welche Wörter/Begriffe aus L haben die Funktion eines Prädikativums?

(3) Welche Funktion haben die *ut/nē*-Sätze des Lesestückes?

[4] Welche Wirkung soll die mehrfache Verwendung der Alliteration am Schluß der Rede des Trimalchio haben?

[5] Stellen Sie weitere Stilmittel fest (z. B. Chiasmus).

(6) Wiederholen Sie die Bedeutung der Suffixe (18 G 2). Welche Bedeutung hat *-mentum (monumentum)*?

Das Wirtshausschild wurde in Ostia gefunden. (Rom, Lateran)

60 Schlichtungsversuche

L

Post hoc fulmen Habinnas rogare coepit, ut iam desineret irasci et „nemo“ inquit „nostrum non peccat. Homines sumus, non dei.“ Idem et Scintilla flens dixit ac per genium eius Gaium appellando rogare coepit, ut se frangeret. Non tenuit ultra lacrimas Trimalchio et „rogo“ inquit „Habinna, sic peculio tuo fruaris: Si quid perperam feci, in faciem meam inspue. Puerum basiavi frugalissimum, non propter formam, sed quia frugi est: decem partes dicit, librum ab oculo legit, thraecium sibi de diariis fecit, arcisellium de suo paravit et duas trullas. Non est dignus, quem in oculis feram? Sed Fortunata vetat.“

fulmen Blitz

Gaius = Trimalchio

ultrā weiter

Habinna Vokativ

pecūlium Hab und Gut – *perperam* falsch – *īnspuere* hineinspucken

bāsiāre küssen – *frūgālissimus* sehr brav – *frūgī* brav – *decem partēs dīcere* durch zehn teilen

thraecium Fechteranzug – *diārium* Kostgeld – *arcisellium* Armsessel

trulla Schöpflöffel

Ü

① Welches Satzglied ist in Form des *ut*-Satzes zu einem Gliedsatz erweitert?

② Bestimmen Sie die Funktion der übrigen Gliedsätze in L.

[3] Welche Stilmittel sind in L enthalten?

④ Worin besteht die besondere Qualität des *puer*? Beurteilen Sie die Fähigkeiten, die Trimalchio dem *puer* zuschreibt.

Beschreiben Sie Ausrüstung und Bewaffnung der Gladiatoren, wie sie auf dem Mosaik abgebildet sind. (Villa in Nennig bei Trier)

1 Trimalchio beruhigt sich

L „Ita tibi videtur, fulcipedia? Suadeo bonum tuum concoquas, milva, et me non facias ringentem, amasiuncula: alioquin experieris cerebrum meum. Novisti me: quod semel destinavi, clavo tabulari fixum est. Sed vivorum meminerimus. Vos rogo, amici, ut vobis suaviter sit. Nam ego quoque tam fui, quam vos estis, sed virtute mea ad hoc perveni. Corcillum est, quod homines facit, et cetera quisquilia omnia. ‚Bene emo, bene vendo.' Alius alia vobis dicet. Felicitate dissilio, tu autem, sterteia, etiamnum ploras? Iam curabo fatum tuum plores."

fulcīpedia Stöckelprinzessin
concoquere verdauen – *mīlva* Geier
nōn falsch für *nē* – *ringere* knurren
amāsiuncula Herzchen – *aliōquīn* sonst
dēstināre bestimmen – *clāvus tabulāris* Reißnagel
suāviter angenehm
corcillum Oberstübchen
quisquilia Kinkerlitzchen
dissilīre auseinanderspringen
sterteia Schnarchliese – *etiamnum* noch immer – *plōrāre* heulen (über)

Ü

① Bei welchem Gedanken kommt Trimalchio wieder zur Ruhe?

② Über welche Eigenschaften glaubt Trimalchio zu verfügen? Stellen Sie die Begriffe zusammen, mit denen er seine besonderen Fähigkeiten bezeichnet.

③ Welche „Lebensweisheiten", Sprichwörter oder sprichwortähnlichen Wendungen sind in den Lesestücken 57–61 formuliert worden? Beurteilen Sie den Aussagewert dieser „Lebensweisheiten".

[4] Welcher Stilmittel bedient sich Trimalchio?

Die pachtzahlenden Kolonen (Siedler) aus Neumagen bei Trier unterscheiden sich wohl kaum von den Pächtern des Trimalchio. (Trier, Rheinisches Landesmuseum)

62 Auch Sklaven sind Menschen

L „Amici“, inquit Trimalchio, „et servi homines sunt et aeque unum lactem biberunt, etiam si illos malus fatus oppresserit. Tamen me salvo cito aquam liberam gustabunt. Ad summam, omnes illos in testamento meo manu mitto. Philargyro etiam fundum lego et contubernalem suam, Carioni quoque insulam et vicesimam et lectum stratum. Nam Fortunatam meam heredem facio et commendo illam omnibus amicis meis. Et haec ideo omnia publico, ut familia mea iam nunc sic me amet tamquam mortuum.“ Gratias agere omnes indulgentiae coeperant domini, cum ille oblitus nugarum exemplar testamenti iussit afferri et totum a primo ad ultimum ingemescente familia recitavit.

lactem Milch (falsch für *lac*)
fātus ≈ *fātum*
mē salvō unberufen - *gustāre* kosten - *ad summam* kurz und gut
manū mittere aus der Hand = freilassen - *fundus* Landgut - *lēgāre* überlassen - *contubernālis* Gefährtin
īnsula Mietskaserne - *vīcēsimam (partem)* den zwanzigsten Teil = fünf Prozent - *strātus* ausgebreitet
hērēs Erbin - *commendāre* anvertrauen - *ideō* deswegen
indulgentia Güte
nūgae Scherze
ingemēscere schluchzen

Ü

① Wodurch unterscheiden sich - laut Trimalchio - Sklaven von freien Menschen?

② Mit welcher Absicht veröffentlicht Trimalchio sein Testament bereits vor seinem Tode?

③ Versuchen Sie, den Text in der Reihenfolge seiner Wörter (Wort-für-Wort) zu erschließen.

Die *īnsula* könnte in Rom oder anderswo gestanden haben. Ein solches Gebäude soll Cario erben.

3 Das Grabmal

L

Respiciens deinde Habinnam „quid dicis“ inquit „amice carissime? Aedificas monumentum meum, quemadmodum te iussi? Valde te rogo, ut secundum pedes statuae meae catellam pingas et coronas et unguenta et Petraitis omnes pugnas, ut mihi contingat tuo beneficio post mortem vivere. Praeterea ut sint in fronte pedes centum, in agrum pedes ducenti. Omne genus enim poma volo sint circa cineres meos et vinearum largiter. Valde enim falsum est vivo quidem domos cultas esse, non curari eas, ubi diutius nobis habitandum est. Et ideo ante omnia adici volo: ‚Hoc monumentum heredem non sequatur‘.“

secundum neben
catella Hündchen – *pingere* malen
corōna Kranz – *unguentum* Parfümfläschchen
dūcentī zweihundert – *pōma* Obst (falsch für *pōmōrum*) – *cinis* Asche
vīneae Reben – *largiter* reichlich
ideō deswegen
hērēs Erbe

Ü

① Erschließen Sie diesen Text in der Reihenfolge der Wörter.

[2] Welche auffallenden Stilmittel enthält der Text?

③ Welche „Weisheit“ gibt Trimalchio in diesem Text von sich?

[4] In welcher sprachlichen Form werden die Aufträge an Habinnas formuliert?

Die sogenannte Engelsburg am Ufer des Tiber in Rom war ursprünglich als Grabstätte des Kaisers Hadrian (117–138) geplant. Sie diente in späteren Zeiten als Fluchtburg der Päpste.

64 Weitere Verfügungen

L „Ceterum erit mihi curae, ut testamento caveam, ne mortuus iniuriam accipiam. Praeponam enim unum ex libertis sepulcro meo custodiae causa, ne in monumentum meum populus cacatum currat. Te rogo, ut naves etiam facias plenis velis euntes, et me in tribunali sedentem praetextatum cum anulis aureis quinque et nummos in publico de sacculo effundentem. Scis enim, quod epulum dedi binos denarios. Faciantur, si tibi videtur, et triclinia. Facias et totum populum sibi suaviter facientem. Ad dexteram meam ponas statuam Fortunatae meae columbam tenentem: et catellam cingulo alligatam ducat ... Horologium in medio, ut, quisquis horas inspiciet, velit nolit, nomen meum legat."

cacātum um zu kacken

tribūnal Ehrentribüne – *praetextātus* eine purpurverbrämte Toga tragend
ānulus Ring – *aureus* golden
quīnque fünf – *nummus* Münze
sacculus Säckchen – *epulum* Mahlzeit – *bīnōs dēnāriōs* für zwei Denare pro Person – *triclīnium* Speisesofa
suāviter angenehm

columba Taube – *catella* Hündchen – *cingulum* Gürtel – *alligāre* anbinden – *hōrologium* Uhr

Ü ① Was wird durch die mehrfache Verwendung des Part. Präs. Akt. zum Ausdruck gebracht?

[2] Beachten Sie den Dat. finalis:

a) Cui bono est?

b) Hoc factum tibi honori est.

c) Res nobis magno usui erit.

d) Sibi ait officium, fidem, diligentiam semper cordi fuisse.

Römische Münzen

Aureus, Gold (nach 117 n. Chr.)

Denar, Silber (44 v. Chr.)

As, Kupfer (27 v. Chr.)

Sesterz, Kupfer (104–111 n. Chr.)

5 Die Grabinschrift

L „Inscriptionem quoque vide diligenter, si haec satis idonea tibi videtur: ‚C. Pompeius Trimalchio Maecenatianus hic requiescit. Huic seviratus absenti decretus est. Cum posset in omnibus decuriis Romae esse, tamen noluit. Pius, fortis, fidelis, ex parvo crevit; sestertium reliquit trecenties, nec umquam philosophum audivit. Vale: et tu.'" Haec ut dixit Trimalchio, flere coepit ubertim. Flebat et Fortunata, flebat et Habinnas, tota denique familia, tamquam in funus rogata, lamentatione triclinium implevit. Immo iam coeperam etiam ego plorare, cum Trimalchio „ergo" inquit „cum sciamus nos morituros esse, quare non vivamus? Sic vos felices videam, coniciamus nos in balneum, meo periculo, non paenitebit. Sic calet tamquam furnus." „Vero, vero" inquit Habinnas „de una die duas facere, nihil malo" nudisque consurrexit pedibus et Trimalchionem gaudentem subsequi coepit.

īnscrīptiō Inschrift

sēvirātus Sitz im Sechserrat – *absēns* abwesend, in Abwesenheit – *decuria* Amt – *fidēlis* zuverlässig

sest. trēcentiēs 30 Mill.

ūbertim reichlich

fūnus Begräbnis

lāmentātiō Jammern – *triclīnium* Speisesaal – *egō* ich (der Erzähler) *plōrāre* heulen

balneum Bad

paenitet es reut, man bereut – *calēre* heiß sein – *furnus* Backofen

diēs h. *f.*

subsequī (m. Akk.) auf dem Fuße folgen.

Ü ① Stellen Sie alle Ihnen bisher bekannten Konjunktionen zusammen, die Gliedsätze einleiten. Bestimmen Sie die Bedeutung der Konjunktionen und die Funktion der Gliedsätze.

② Beachten Sie vor allem die Funktion der Gliedsätze:

Homo cum fragilis[1] imbecillisque[2] nascatur, tamen et a mutis[3] omnibus tutus est et ea omnia, quae firmiora nascuntur, etiamsi vim caeli fortiter patiuntur, ab homine tamen tuta esse non possunt. (Cicero, De re publica 3, 2)

③ Bestimmen Sie die Funktion der Gliedsätze in L.

E Trauer

Exemplum periit castae, lugēte, puellae.
Oppia iam nōn est, ērepta est Oppia Fīrmō.

castus anständig

lugēre trauern

---

[1] *fragilis* zerbrechlich [2] *imbecillis* schwach [3] *mūtus* stumm, sprachlos

66 Römisches Süßholzraspeln

I Bereits in Lektion 12 war ein Gedicht des Catull Gegenstand des Lesestückes. Die Passer-Gedichte gehören zu den bekanntesten Werken des Autors. Schon vor Catull hat es Dichter gegeben, die Gedichte auf lebende oder verstorbene Tiere verfaßt haben. Der römische Dichter hat das Motiv jedoch für ein Liebesgedicht verwendet, in dem es weniger um das Tier als vielmehr um das Liebesverhältnis mit Lesbia und die daraus erwachsenden Probleme geht.

L

Passer, deliciae meae puellae,
quocum ludere, quem in sinu tenere,
cui primum digitum dare appetenti
et acres solet incitare morsus,
cum desiderio meo nitenti
carum nescioquid lubet iocari
et solaciolum sui doloris,
credo, tum gravis acquiescet ardor.
Tecum ludere sicut ipsa possem
et tristes animi levare curas.

passer Spatz – *dēliciae* Liebling

prīmus digitus Fingerspitze

morsus Biß, Picken

dēsīderium die Liebste – *nitēns* strahlend – *nesciōquid* etwas – *lubet* es gefällt – *iocārī* scherzen (*cārum nesciōquid iocārī* eig. „etwas Liebes scherzen“) – *sōlāciolum* Trost

acquiēscere zur Ruhe kommen

possem könnte ich doch

Ü

① Welche inhaltliche Funktion haben die Relativsätze am Anfang des Textes?

② Beschreiben Sie den Informationswert der Attribute.

[3] Lesen Sie den Text in seinem Versmaß (66 G).

[4] Fertigen Sie eine metrische Analyse des Textes an.

⑤ Vergleichen Sie 12 L und 14 L. Welche Stimmung, welches Gefühl spricht aus 66 L im Vergleich zu den früheren Texten?

⑥ Worin stimmen 12 L, 14 L und 66 L überein? Worin unterscheiden sie sich? Berücksichtigen Sie u. a. die Wortwahl, den Satzbau, die Art der Gliedsätze.

E_1 Der Nutzen des Reichtums

Numquam divitias deos rogavi
contentus modicis meoque laetus:
paupertas, veniam dabis, recede.
Causa est quae subiti novique voti?
Pendentem volo Zoilum videre.

contentus zufrieden – *modicus* mäßig

paupertas Armut – *recēdere* zurückweichen – *subitus* plötzlich

E_2 Der schöne Cotta

Bellus homo et magnus vis idem, Cotta videri:
sed qui bellus homo est, Cotta, pusillus homo est.

pusillus lächerlich klein

7 Der Spatz ist tot

L

Passer mortuus est meae puellae,
passer deliciae meae puellae,
quem plus illa oculis suis amabat:
nam mellitus erat suamque norat
ipsam tam bene, quam puella matrem,
nec sese a gremio illius movebat,
sed circumsiliens modo huc, modo illuc
ad solam dominam usque pipiabat.
Qui nunc it per iter tenebricosum
illud, unde negant redire quemquam.
At vobis male sit, malae tenebrae
Orci, quae omnia bella devoratis:
tam bellum mihi passerem abstulistis.
O factum male. O miselle passer.
Tua nunc opera meae puellae
flendo turgiduli rubent ocelli.

passer Spatz
dēliciae Liebling
mellītus honigsüß – *nōrat* = *nōverat*
sēsē ≈ *sē* – *gremium* Schoß
circumsilīre herumspringen
ūsque ununterbrochen – *pipiāre ad* zu jmd. hin piepsen – *tenebricōsus* finster
tenebrae Finsternis
dēvorāre verschlingen
misellus = *miser*
turgidulus geschwollen – *rubēre* sich röten – *ocellus* Äuglein

Ü

① Bestimmen Sie den Kasus: oculis suis (Zeile 3) (55 G 3).

② Welche Funktion hat das Imperfekt?

③ Welche Bedeutung hat der Tempuswechsel (Imperfekt, Präsens, Perfekt usw.)?

[4] Stellen Sie einige Stilmittel fest und beschreiben Sie ihre Funktion.

⑤ Beurteilen Sie den großen Wortaufwand für ein objektiv gesehen nicht besonders gravierendes Ereignis.

Orpheus, Eurydike und Hermes in der Unterwelt. (Holzschnitt von Gerhard Marcks aus dem Jahre 1947)

68 Cäsars Übergang über den Rubico (1)

I Der Text der Lesestücke 68 und 69 stammt aus einer von C. Suetonius Tranquillus verfaßten Biographie *(vīta)* des Feldherrn und Staatsmannes C. Iulius Caesar. Der geachtete Gelehrte *(scholasticus)*, Schriftsteller und Rechtsanwalt Sueton hat die Biographien von zwölf führenden Politikern und Kaisern (von Cäsar bis Domitian) nach einem bestimmten Schema verfaßt: Er bedient sich stets wiederkehrender Gesichtspunkte der Darstellung, z. B. Herkunft, Familie, Geburt, Erziehung, Jugend, Anfänge der Laufbahn, Kriegstaten, private Lebensführung, Träume und Wunderzeichen, Tod, Testament. Trotz dieser Schematisierung gelingt es dem Autor, auch individuelle Charakteristiken der einzelnen Persönlichkeiten zu verfassen.

Sueton hatte vielfältige Informationsquellen zur Verfügung: mündliche Mitteilungen, Archivmaterial, literarische Quellen. In seiner Stellung als Privatsekretär *(magister epistularum)* des Kaisers Hadrian konnte er eine Fülle von Material für seine biographische Schriftstellerei sammeln.

L Cum ergo sublatam tribunorum intercessionem ipsosque urbe cessisse nuntiatum esset, praemissis confestim clam cohortibus, ne qua suspicio moveretur, et spectaculo publico per dissimulationem interfuit et formam, qua ludum gladiatorium erat aedificaturus, consideravit et ex consuetudine convivio se frequenti dedit. Deinde post solis occasum mulis e proximo pistrino ad vehiculum iunctis occultissimum iter modico comitatu ingressus est; et cum luminibus exstinctis decessisset via, diu errabundus tandem ad lucem duce reperto per angustissimos tramites pedibus evasit; consecutusque cohortes ad Rubiconem flumen, qui provinciae eius finis erat, paulum constitit ac reputans, quantum moliretur, conversus ad proximos „Etiam nunc" inquit „regredi possumus; quod si ponticulum transierimus, omnia armis agenda erunt."

tribūnōrum intercessiō der Widerspruch der Volkstribunen (u. a. gegen Cäsars Abberufung von seinem milit. Kommando) – *cōnfēstim* sofort

dissimulātiō Verheimlichung – *fōrma* Bauplan – *lūdus gladiātōrius* Gladiatorenschule

convīvium Gastmahl

occāsus Untergang – *mūlus* Maultier – *pīstrīnum* Mühle – *modicus* mäßig

viā dēcēdere vom Weg abkommen
errābundus umherirrend

angustus schmal – *trāmes* Pfad

reputāre überlegen – *mōlīrī* in Bewegung setzen – *regredī* zurückgehen – *ponticulus* kleine Brücke – *quod sī* wenn

Ü ① Welches Zeitverhältnis besteht zwischen dem Gliedsatzgeschehen *cum ... nuntiatum esset* und dem Hauptsatzgeschehen *interfuit ... consideravit ... se dedit?*

② Bestimmen Sie das Zeitverhältnis zwischen dem Abl. abs. *praemissis ... cohortibus* und dem Finalsatz *ne ... moveretur.*

Alexander der Große in einer Schlacht mit dem Perserkönig Darius (vgl. Lektion 52). Mosaik aus Pompeji. (Neapel, Nationalmuseum)

③ Aus welchem Grund steht das Prädikat des Gliedsatzes *cum … decessisset* im Konjunktiv Plusquamperfekt?

④ Beachten Sie, inwieweit das in den *cum*-Sätzen geschilderte Geschehen als Voraussetzung für das Hauptsatzgeschehen anzusehen ist.

a) Alexander, cum interfecisset Clitum, familiarem suum, vix a se manus abstinuit.

b) Cum rex Pyrrhus populo Romano bellum intulisset cumque de imperio certamen esset cum rege potenti, perfuga (Überläufer) ab eo venit in castra Fabricii eique est pollicitus se Pyrrhum veneno necaturum esse.

c) Antigonus, cum adversus Seleucum Lysimachumque proelium committeret, occisus est.

E Vom Sinn und Wert des Übersetzens

Multi praecipiunt vel ex Graeco in Latinum vel ex Latino vertere in Graecum. Quo genere exercitationis proprietas splendorque verborum, copia figurarum, vis explicandi, praeterea imitatione optimorum similia inveniendi facultas paratur. Simul quae legentem fefellissent, transferentem fugere non possunt. Intellegentia ex hoc et iudicium acquiritur.

exercitātiō Übung – *proprietās* Eigentümlichkeit – *splendor* Glanz
figūra Wortfigur

intellegentia Erkenntnisvermögen
acquīrere erwerben

69 Cäsars Übergang über den Rubico (2)

I Das Lesestück enthält Cäsars berühmtesten Ausspruch: *Iacta ālea est* (Sueton, Cäsar 32). Mit diesen Worten soll Cäsar im Jahre 49 vor Chr. den Rubico überschritten haben. Allerdings berichtet uns ein anderer Biograph, Plutarch (Pompeius 60), Cäsar habe diesen Ausspruch in griechischer Sprache getan: „Als Cäsar an den Fluß Rubico kam, der die Grenze der ihm anvertrauten Provinz bildet, blieb er schweigend stehen und war bei dem Gedanken an das große Risiko unentschlossen; endlich unterdrückte er wie diejenigen, die sich von einer steilen Höhe in die Tiefe stürzen, alles Nachdenken, schloß die Augen vor der Gefahr, und nachdem er zu seinen Begleitern auf Griechisch gesagt hatte ‚Der Würfel soll geworfen sein', führte er seine Truppen hinüber."

Um welchen Fluß es sich in Wirklichkeit gehandelt hat, ist nicht sicher. Im Jahre 1756 ist durch eine päpstliche Entscheidung der Luso als Rubico identifiziert worden, der in der Nähe von Rimini in die Adria mündet.

Mit dem Überschreiten des Rubico hat Cäsar die militärischen und politischen Voraussetzungen für seine Machtübernahme in Rom geschaffen. Er schlägt seinen Rivalen Pompeius am 9. 8. 48 bei Pharsalos, nachdem er bereits in Rom zum Konsul gewählt worden war. Am 6. 4. 46 besiegt er weitere Gegner bei Thapsus in Nordafrika. Am 17. 3. 45 beeendet er den Bürgerkrieg durch den Sieg über die Söhne des Pompeius bei Munda in Spanien.

Nachdem Cäsar bereits Ende 48 für ein Jahr, später für zehn Jahre zum Diktator ernannt worden war, bekam er ab Februar 44 die Funktion des *dictator perpetuus* (Diktator auf Lebenszeit: s. o. Abb. zu Lektion 64). Er regierte rein monarchisch und beteiligte den Senat nur noch formell an seinen Entscheidungen. „Die Geringschätzung der überkommenen Institutionen, besonders des Senats, sein selbstherrliches Walten und die äußeren Zeichen monarchischer und fast göttlicher Würde ... führten endlich zu der auch von verschiedenen seiner Anhänger getragenen ‚Verschwörung', der er am 15. 3. 44 zum Opfer fiel" (dtv-Lexikon der Antike. Bd. IV 1, s. v. Caesar).

L Cunctanti ostentum tale factum est: Quidam eximia magnitudine et forma in proximo sedens repente apparuit harundine canens; ad quem audiendum cum praeter pastores plurimi etiam ex stationibus milites concurrissent interque eos et aeneatores, rapta ab uno tuba prosilivit ad flumen et ingenti spiritu classicum exorsus pertendit ad alteram ripam. Tunc Caesar „Eatur" inquit „quo deorum ostenta et inimicorum iniquitas vocat. Iacta alea est." Atque ita traiecto exercitu adhibitis tribunis plebis, qui pulsi advenerant, pro contione fidem militum flens ac veste a pectore discissa invocavit.

cunctārī zögern – *ostentum* Zeichen
eximius außergewöhnlich
harundō Flöte
statiō Posten
aeneātor Hornbläser
tuba Horn – *prōsilīre* springen
classicum exōrdīrī das Angriffssignal blasen – *pertendere* hinübergehen
rīpa Ufer
ālea Würfel – *trāicere* hinüberführen – *adhibēre* vorführen
tribūnus Tribun – *contiō* Versammlung – *discindere* zerreißen – *invocāre* um Beistand bitten

Ü ① Welche Informationen gibt der Autor mit Hilfe der Partizipien? Beachten Sie zunächst nur diese Informationen.

② Erschließen Sie alle weiteren Verbalinformationen (Prädikate und andere Verbalformen).

③ Berücksichtigen Sie die zeitlichen Bezüge zwischen den Verbalinformationen. Was geschieht früher, was später? Was ist Voraussetzung, was Folge?

④ Verschaffen Sie sich Klarheit über die Personen, die handeln oder denen etwas passiert.

⑤ Versuchen Sie den Text als ganzen mit Hilfe der „Arbeitsschritte zur Texterschließung" (57 G) zu erfassen und zu übersetzen.

[6] Wiederholen und erweitern Sie die Übersicht über die Wortausgänge und -endungen (17 G 4). Vgl. 22 Ü 5 und 40 Ü 5.

C. Iulius Caesar. Marmorbüste aus dem 1. Jh. n. Chr.
(Rom, Vatikan)

70 Der Frosch und der Ochse

I Der Dichter Phädrus (20 I und L) hat in seinen Fabeln nicht nur typisch menschliche Verhaltensweisen und Einstellungen im täglichen Leben beschrieben und kritisiert, sondern auch politische Grundsituationen charakterisiert, in denen Menschen immer wieder scheitern oder zu Fall kommen – gerade wenn sie so hoch steigen wie etwa Cäsar.

L Inops, potentem dum vult imitari, perit.
In prato quondam rana conspexit bovem
et tacta invidia tantae magnitudinis
rugosam inflavit pellem. Tum natos suos
interrogavit, an bove esset latior.
Illi negarunt. Rursus intendit cutem
maiore nisu et simili quaesivit modo,
quis maior esset. Illi dixerunt bovem.
Novissime indignata, dum vult validius
inflare sese, rupto iacuit corpore.

inops schwach
prātum Wiese – *quōndam* einst
rāna Frosch – *bōs, bovis* Ochse
rūgōsus runzlig – *īnflāre* aufblasen
pellis Haut
negārunt = *negāvērunt* – *cutis* Haut
nīsus Anstrengung
novissimē zuletzt – *indīgnārī* empört sein – *sēsē* ≈ *sē*

Der griechische Dichter Äsop – in dem Titelholzschnitt der sog. Ulmer Äsop-Ausgabe (1476) umgeben von Gegenständen und Szenen aus seinem Leben und seinen Fabeln – war Lehrmeister und Vorbild des Phädrus.

Ü ① Welche Information bietet die erste Zeile über den Inhalt des Textes?

② Beschreiben Sie den Aufbau der Fabel. Was geschieht in welcher Reihenfolge?

③ Durch welches Gefühl wird der Frosch zu seinem Tun motiviert?

④ Was führt zu seiner Selbstvernichtung?

⑤ Stellen Sie sich eine politische Situation vor, in der ein Mensch sich wie der Frosch des Phaedrus aufführt.

⑥ Bestimmen Sie die Funktion der Ablative.

[7] Lesen Sie den Text unter Berücksichtigung seines Versmaßes (20 G 1).

⑧ Erschließen Sie die Bedeutung folgender Wörter aus ihren Bestandteilen: circum-dare, circum-venīre, cōn-scrībere, dē-ferre, in-esse.

⑨ Was bedeuten *laetitia (laetus)* und *timidus (timēre, timor)*?

E1 Vulpes ad personam tragicam

vulpēs Fuchs – *persōna* Maske
trāgicus tragisch

Personam tragicam forte vulpes viderat:
„O quanta species“ inquit „cerebrum non habet.“
Hoc illis dictum est, quibus honorem et gloriam
fortuna tribuit, sensum communem abstulit.

speciēs Gesicht

E2 Lupus et gruis

lūpus Wolf – *gruis* Kranich

Qui pretium meriti ab improbis desiderat,
bis peccat: primum quoniam indignos adiuvat;
impune abire deinde quia iam non potest.
Os devoratum fauce cum haereret lupi,
magno dolore victus coepit singulos
illicere pretio, ut illud extraherent malum.
Tandem persuasa est iure iurando gruis,
gulaeque credens colli longitudinem
periculosam fecit medicinam lupo.
Pro quo cum pactum flagitaret praemium:
„Ingrata es“ inquit „ore quae e nostro caput
incolume abstuleris et mercedem postules.“

meritum Leistung – *dēsīderāre* = *petere* – *bis* zweimal
impūne ohne Schaden
dēvorāre verschlingen – *faux* Schlund
zu *incipere* – *illicere* anlocken
extrahere zu *trahere* – *tandem* endlich
iūs iūrandum Eid – *gula* Kehle
collī longitūdō die Länge des Halses
facere (m. zwei Akk.) etwas machen zu – *medicīna* Heilmittel – *pāctus* vereinbart – *flagitāre* = *poscere*
ingrātus zu *grātus* – *incolume* unversehrt – *mercēs, mercēdis* Lohn

71 Die Tapferkeit eines römischen Soldaten

I Der Text des folgenden Lesestückes stammt aus einem Kriegsbericht. In seinem Werk *De bello Gallico* (vgl. 18 I) stellt C. Iulius Caesar seine militärischen und politischen Leistungen bei der Romanisierung der nördlichen Provinzen dar (vgl. 1 I). Cäsar schreibt wie ein scheinbar unbeteiligter Zeuge oder unparteiischer Beobachter von sich selbst in der dritten Person; er hatte jedoch die Absicht, die Angriffe seiner politischen Gegner und persönlichen Feinde zu widerlegen, die ihm vorwarfen, er habe einen ungerechten und verderblichen Krieg angezettelt, seine Untertanen und Bundesgenossen mißhandelt und seine Vollmachten mißbraucht. Cäsar wollte daher mit seiner Schrift *De bello Gallico* sein Vorgehen rechtfertigen und veranschaulichen, wie er Gallien in den Jahren 58–51 zu einer römichen Provinz ausgebaut und gegen die Germanen gesichert hat. Daß er dabei manches verschwiegen oder beschönigt hat, ist allerdings nicht auszuschließen.
Das Thema des 7. Buches, das die Ereignisse des Jahres 52 vor Chr. enthält, ist der große Aufstand der Gallier unter der Führung des Vercingetorix. Cäsar gelang es, diesen Aufstand unter höchstem Einsatz und in blutigen, für beide Seiten verlustreichen Kämpfen niederzuwerfen. Das im Lesestück geschilderte Geschehen spielt während der Belagerung der gallischen Festung Gergovia. Eine kleine Gruppe römischer Soldaten hatte sich offensichtlich aus Unbesonnenheit, Ruhmsucht und Beutegier zu weit vorgewagt. Cäsar stellt jedoch die Tat des Marcus Petronius nicht ohne Sympathie dar. Man hat vielmehr den Eindruck, daß der Feldherr das Verhalten seines tapferen *centurio* als vorbildlich hervorhebt und damit dessen *cupiditas gloriae* nachträglich belohnt.

L Marcus Petronius, centurio legionis octavae, cum portas excidere conatus esset, a multitudine oppressus ac sibi desperans multis iam vulneribus acceptis manipularibus, qui eum erant secuti, „Quoniam“ inquit „me una vobiscum servare non possum, vestrae quidem certe vitae prospiciam, quos cupiditate gloriae adductus in periculum deduxi. Vos data facultate vobis consulite.“ Simul in medios hostes irrupit duobusque interfectis reliquos a porta summovit. Conantibus auxiliari suis „Frustra“ inquit „meae vitae subvenire conamini, quem iam sanguis viresque deficiunt. Proinde abite, dum est facultas, vosque ad legionem recipite.“ Ita pugnans paulo post concidit ac suis saluti fuit.

excīdere einschlagen
manipulāris Kamerad
prōspicere (m. Dat.) sorgen für
dēdūcere ≈ *dūcere*
duōbus Abl. zu *duō*
summovēre vertreiben – *auxiliārī* helfen
proinde daher
sē recipere sich zurückziehen

Ü ① Erschließen Sie den Text nach dem in 57 G dargestellten Schema.

② Ermitteln Sie die zeitlichen Beziehungen zwischen den Handlungen und Vorgängen, die in Form von Partizipien dargestellt sind.

③ In welchem zeitlichen Verhältnis stehen die Partizipien zu den in den Prädikaten der Haupt- und Gliedsätze ausgedrückten Handlungen und Vorgängen?

④ Beschreiben Sie die Funktion der beiden Dative am Textende (64 G).

⑤ Bestimmen Sie die Satzgliedfunktion aller im Text vorkommenden Gliedsätze.

⑥ Beurteilen Sie das Verhalten des Centurio. Hat er richtig gehandelt?

⑦ Erschließen Sie die Bedeutung von *prae-esse* und nennen Sie weitere Verben, die aus *esse* und einem Präfix bestehen.

⑧ Was ist ein *dictum*?

⑨ Vergleichen Sie *prō-cēdere* mit anderen Verben, die aus *cēdere* und einem Präfix bestehen, und nennen Sie die Bedeutung des Verbs.

E M. Cicero S. D. P. Sulpicio Imperatori

Dionysius, servus meus, qui meam bibliothecam tractavit, cum multos libros rapuisset nec se impune laturum putaret, fugit. Is est in provincia tua. Eum et M. Bolanus, meus familiaris, et multi alii viderunt, sed, cum se a me manu missum esse diceret, crediderunt. Hunc tu si mihi restituendum curaveris, non possum dicere, quam mihi gratum futurum sit. Res ipsa parva, sed animi mei dolor magnus est. Ubi sit et quid fieri possit, Bolanus te docebit. Ego si hominem per te recuperavero, summo me a te beneficio affectum arbitrabor.
Si vales, bene est; ego valeo.

bibliothēca Bibliothek

impūne ferre ohne Strafe davonkommen

manū missum esse freigelassen worden sein

recuperāre wiederbekommen

Der Centurio Marcus Caelius ist während des Feldzuges des Varus im Alter von $53\,^{1}/_{2}$ Jahren gefallen.
Der Text der Inschrift lautet: Marco Caelio, Titi filio, tribu Lemonia, Bononia, primo ordini legionis XIIX, annorum LIII semissis, occidit bello Variano. Ossa libertorum inferre licebit. Publius Caelius, Titi filius, tribu Lemonia, frater fecit. (Bonn, Rheinisches Landesmuseum)

72 Nach dem Tod des Tiberius

I Tiberius Iulius Caesar Augustus, geb. am 16. 11. 42 vor Chr., war von 14–37 n. Chr. römischer Kaiser. Vor seiner Amtsübernahme galt er als tüchtiger und sehr erfolgreicher Soldat und Feldherr. Als Adoptivsohn des Augustus trat er dessen Nachfolge erst nach langem Zögern an. Gleich zu Beginn seiner Regierungszeit fanden die sog. Majestätsprozesse statt, die die politische Atmosphäre stark vergifteten. Diese befaßten sich mit dem Tatbestand des *crīmen māiestātis* (Beleidigung der Majestät), das z. B. mit der eigenmächtigen Kompetenzüberschreitung eines Feldherrn oder Statthalters, mit dem Hoch- oder Landesverrat gegeben war. Seit der Zeit des Tiberius wurde aus diesem *crīmen* gegen den Staat ein Verbrechen gegen die Person des Kaisers oder gegen Mitglieder seiner Familie. Jeder Mangel an Ehrerbietung gegen den Kaiser oder sein Bildnis konnte als *crīmen laesae māiestātis* geahndet werden. So wurden z. B. auch die Christen des *crīmen māiestātis* beschuldigt. Die Strafe war seit Tiberius die Todesstrafe.
Tiberius, durch echte oder vermeintliche Opposition irritiert, ließ diesen Prozessen bald freien Lauf. Seit dem Jahre 21 geriet er immer mehr unter den Einfluß des Gardepräfekten Seiānus. Ab 26 zog er nach Capri. Am 16. 3. 37 starb er in Misenum.
Ob das von Sueton gezeichnete negative Bild des Tiberius wirklich der Wahrheit entspricht, ist zweifelhaft. Offenbar aber hat Tiberius durch die Vernachlässigung jeder Popularität, durch seinen Aberglauben und seine Furchtsamkeit in seinen letzten Lebensjahren zu seinem üblen Ruf selbst beigetragen.

L Morte Tiberii ita laetatus est populus, ut ad primum nuntium pars „Tiberium in Tiberim" clamarent, pars Terram matrem deosque Manes orarent, ne mortuo sedem ullam nisi inter impios darent, alii uncum et Gemonias cadaveri minarentur, exacerbati super memoriam pristinae crudelitatis etiam recenti atrocitate. Nam cum senatus consulto cautum esset, ut poena damnatorum in decimum semper diem differretur, forte accidit, ut quorundam supplicii dies is esset, quo nuntiatum de Tiberio erat. Hos custodes, ne quid adversus constitutum facerent, strangulaverunt abieceruntque in Gemonias.

deōs Mānēs die göttlich verehrten Seelen der Verstorbenen – *uncus* Haken
Gemōniae Treppe am Kapitol, über die man die Leichen hingerichteter Verbrecher schleifte und dann in den Tiber warf – *cadāver* Leiche
minārī androhen – *exacerbātus* aufgebracht – *super* (m. Akk.) über … hinaus – *prīstinus* früher – *atrōcitās* Abscheulichkeit – *cavēre* h. sicherstellen – *decimus* der zehnte
hōs die Verurteilten
strangulāre erdrosseln

Ü ① Unterscheiden Sie Konsekutivsätze, Finalsätze und abhängige Wunschsätze:

a) Neque ita nati a natura sumus, ut ad ludum et iocum[1] facti esse videamur.

[1] *iocus* Scherz

Im Vordergrund sind Caligula, Tiberius und Livia zu sehen. Das Kunstwerk ist Teil eines geschnittenen Halbedelsteines, der sog. Camée de France. Zur Darstellung des Tiberius vgl. die Abb. in Lektion 54. (Paris, Bibliothèque Nationale)

b) Hannibal petens Etruriam adeo gravi morbo afficitur oculorum, ut postea numquam dextro aeque bene usus sit.

c) Quis tam demens[1] est, ut sua voluntate maereat[2]?

d) Peto a te vel, si pateris, oro, ut homines miseros conserves incolumes[3].

e) Nunc a te illud primum rogabo, ne quid invitus mea causa facias.

f) Atticus sic Graece loquebatur, ut Athenis natus videretur.

g) Saepe evenit, ut utilitas cum honestate certet.

h) Ita vixi, ut non frustra me natum esse putarem.

i) Oremus vos, ut ab humano cruore abstineatis.

② Welche Satzgliedfunktion hat *invitus* in 1 e? (12 G 5)

③ Bestimmen Sie die Funktion des Genitivs in der Verbindung *memoria crudelitatis* (16 G 4).

④ Bestimmen Sie die Gliedsätze in L.

⑤ Erschließen Sie die Wortbedeutung mit Hilfe des Suffix: clāmor (clāmāre)

---

[1] *dēmēns* von Sinnen [2] *maerēre* trauern [3] *incolumis* wohlbehalten

73 Am Tag der Geburt des Augustus

I Sueton berichtet in seiner Biographie des Augustus ausführlich über Vorzeichen, die vor, bei und nach der Geburt des Augustus auf seine künftige Größe und seinen Erfolg hinwiesen. So seien u. a. an einem öffentlichen Ort in Rom Wunderzeichen geschehen, aus denen hervorgegangen sei, daß dem römischen Volk ein König geboren werde; daraufhin habe der Senat den Beschluß gefaßt, daß kein in diesem Jahr geborenes Kind aufgezogen werden sollte. Allerdings hätten die schwangeren Frauen die Durchführung dieses Beschlusses zu verhindern gewußt. Atia, die Mutter des Augustus, habe kurz vor ihrer Niederkunft geträumt, daß ihre Eingeweide gen Himmel geflogen seien und sich über die ganze Welt verbreitet hätten.

L Quo natus est die, cum de Catilinae coniuratione ageretur in curia et Octavius ob uxoris puerperium serius adfuisset, nota ac vulgata res est P. Nigidium comperta morae causa affirmavisse dominum terrarum orbi natum esse. Octavio postea, cum per secreta Thraciae exercitum duceret, in Liberi patris luco barbara caerimonia de filio consulenti, idem affirmatum est a sacerdotibus, cum infuso super altaria mero tantum flammae emicuisset, ut supergressa fastigium templi ad caelum usque ferretur, unique omnino Magno Alexandro apud easdem aras sacrificanti simile provenisset ostentum.

puerperium Niederkunft – *sērius* später – *vulgātus* verbreitet (worden)

secrēta einsame Gegend

lūcus Hain

barbarus ausländisch – *caerimōnia* Orakel – *īnfundere* gießen

altāria Altar – *merum* Wein

ēmicāre emporschlagen – *supergredī* übersteigen – *fastīgium* Giebel

prōvenīre = *venīre* – *ostentum* Zeichen

Ü

① Unterscheiden Sie die verschiedenen Funktionen von *cum*.

② In welchem Zeitverhältnis stehen die Aussagen der *cum*-Sätze zu den Aussagen der übergeordneten Sätze? (49 G 2, 68 G 3)

③ Klären Sie die zeitlichen/sachlichen Beziehungen zwischen den geschilderten Vorgängen und Ereignissen.

④ Was verbindet *-que* am Schluß des Textes?

⑤ In welchem Verhältnis stehen die Partizipien *consulenti* und *sacrificanti* zueinander?

⑥ Womit begründen die *sacerdotes* die Besonderheit des späteren Augustus?

⑦ Was bedeutet *līberāre*? Vergleichen Sie *līber, lībertus, līberālis.*

⑧ Stellen Sie die aus *ferre* und einem Präfix zusammengesetzten Wörter zusammen und erklären Sie *per-ferre.*

Den Gipfel des Capitolium bildet heute die Piazza del Campidoglio, die von Michelangelo (1475–1564) entworfen und im 17. Jh. vollendet wurde.

E Ein Traum Ciceros

M. Cicero C. Caesarem in Capitolium prosecutus somnium pristinae noctis familiaribus forte narrabat: puerum facie liberali demissum e caelo catena aurea ad fores Capitolii constitisse eique Iovem flagellum tradidisse; deinde repente Augusto viso, quem ignotum plerisque adhuc avunculus Caesar ad sacrificandum acciverat, affirmavit ipsum esse, cuius imago secundum quietem sibi observata sit.

prōsequī begleiten
prīstinus vergangen
catēna Kette
aureus golden
flagellum Peitsche
avunculus Onkel
accīre herkommen lassen
secundum während

74 Augustus als Triumvir

I Im Oktober 43 vor Chr. schlossen M. Aemilius Lepidus, M. Antonius und Octavian (Augustus) ein Bündnis, das ihnen gegen Senat und Cäsarmörder die Macht im Staat sichern sollte. Sie erhielten auf diese Weise gesetzlich legitimierte Vollmachten, mit denen sie die Ordnung im Staat wiederherstellen bzw. sichern sollten. Sie trugen die offizielle Bezeichnung *trēsvirī reī pūblicae cōnstituendae.* Ihre Herrschaft wird heute als „Triumvirat“ bezeichnet.
Augustus - so berichtet Sueton - griff besonders hart und grausam gegen die sogenannten Staatsfeinde durch.

L In eadem hac potestate multiplici flagravit invidia. Nam et Pinarium, equitem Romanum, cum contionante se admissa turba paganorum apud milites subscribere quaedam animadvertisset, curiosum ac speculatorem ratus imperavit, ut coram confoderetur. Et Tedium Afrum, consulem designatum, quia factum quoddam suum maligno sermone carpsisset, tantis conterruit minis, ut is se praecipitaret. Et Quintum Gallium praetorem in officio salutationis tabellas duplices veste tectas tenentem suspicatus gladium occulere, nec quicquam statim, ne aliud inveniretur, ausus inquirere, paulo post per centuriones et milites raptum e tribunali servilem in modum torsit ac fatentem nihil iussit occidi prius oculis eius sua manu effossis; quem tamen scribit colloquio petito insidiatum sibi coniectumque a se in custodiam, deinde urbe interdicta dimissum naufragio vel latronum insidiis perisse.

multiplex vielfältig
contiōnārī eine Rede halten
pāgānus Zivilist - *subscrībere* aufschreiben - *speculātor* Spion
malīgnus boshaft
sē praecipitāre sich zu Tode stürzen
salūtātiō Besuch - *tabella* Schreibtafel
occulere verstecken
servīlis sklavenhaft
effodere ausstechen
scrībit Subj. ist Augustus
īnsidiārī (m. Dat.) jmd. auflauern
interdīcere verbieten - *naufragium* Schiffbruch

Ü
① Gliedern Sie den Text nach Sinnabschnitten (vgl. die früheren Lesestücke).

② Stellen Sie die zeitlichen und logischen Beziehungen zwischen den Partizipien fest.

③ Was bezweckt/erreicht der Autor durch die so ausgiebige Verwendung von Partizipien?

④ Welche Eigenschaften schreibt Sueton dem Augustus zu? Belegen Sie Ihre Beobachtungen mit Wörtern und Formulierungen des Textes.

⑤ Aus welchem Grund hat *cūriōsus* im vorliegenden Text nicht die Bedeutung „sorgfältig“?

[6] Welchem Zweck dienen die Stilmittel, die der Autor in diesem Text verwendet?

⑦ Stellen Sie fest, aus welchen Wörtern folgende Wörter zusammengesetzt sind: naufragium (74 L), puerperium (73 L), īnscriptiō (65 L).

⑧ Worin stimmen folgende Wörter mit dem Präfix *in-* überein: īnspicere, implēre, īnferre, ingredī, irrumpere.

⑨ Was bedeutet *re-tinēre*? Nennen Sie weitere aus *tenēre* und einem Präfix zusammengesetzte Wörter (Komposita).

⑩ Vergleichen Sie *opprimere* und *premere*. Geben Sie die Bedeutung an.

⑪ Bestimmen Sie die Funktion der Ablative in L.

⑫ Wiederholen Sie *quīdam, quaedam, quoddam* (34), *īdem, eadem, idem* (38), *alius, alia, aliud* (43), *quisquam, quicquam* (67).

Augustus von Primaporta (um 19 v. Chr.). Der genaue Fundort ist die Villa der Livia (Gattin des Augustus) bei Primaporta in der Nähe von Rom. (Rom, Vatikan)

75 Weises Verhalten des Kaisers

I Seneca beschreibt in seinem Werk „Über den Zorn“ *(Dē īrā)*, wie man sich einem Zornigen gegenüber verhalten sollte. Das Beste sei, ihn möglichst nicht weiter zu reizen – es sei denn, man befände sich ihm gegenüber in einer Machtposition, die es erlaube, auf den Zornigen einzuwirken.

L Castigare vero irascentem et ultro obirasci incitare est: varie aggredieris blandeque, nisi forte tanta persona eris, ut possis iram comminuere, quemadmodum fecit divus Augustus, cum cenaret apud Vedium Pollionem. Fregerat unus ex servis eius crystallinum: rapi eum Vedius iussit ne vulgari quidem more periturum: murenis obici iubebatur, quas ingentes in piscina continebat. Quis non hoc illum putaret luxuriae causa facere? Saevitia erat. Evasit e manibus puer et confugit ad Caesaris pedes nihil aliud petiturus, quam ut aliter periret, ne esca fieret. Motus est novitate crudelitatis Caesar et illum quidem mitti, crystallina autem omnia coram se frangi iussit complerique piscinam. Fuit Caesari sic castigandus amicus; bene usus est viribus suis.

castīgāre züchtigen – *ultrō* obendrein – *obīrāscī* dagegen zürnen
blandus schonend – *comminuere* mindern

crystallīnum Kristallgefäß

mūrēna Muräne

piscīna Fischteich

ēsca Fischfutter

complēre anfüllen

Ü

① Im Lexikon sind für *aggredior* neben „angreifen“ weitere Bedeutungen angegeben, z. B. hinzugehen, sich nähern, sich an jemanden wenden, sich an etwas machen, etwas unternehmen, beginnen. Begründen Sie die in 75 L passende Auswahl.

② Welche Funktion hat der Dativ *Caesarī* am Schluß des Textes? (35 G 1)

③ Welche Stellung hatten die Sklaven offensichtlich im Haus des Vedius Pollio?

④ Vergleichen Sie Vedius Pollio mit Trimalchio (22–25 L, 57–65 L).

⑤ Beurteilen Sie das Verhalten des Vedius Pollio. Aus welchem Grund hat er die grausame Bestrafung des Sklaven gefordert?

⑥ Hat Augustus Ihrer Ansicht nach richtig gehandelt? Hätte er auch anders reagieren können?

⑦ Was bedeutet *in-opia* im Vergleich mit *ops* und *opēs*?

⑧ Welche Eigenschaften verkörpert Augustus laut 75 E?

Die *Ara pacis* wurde zu Ehren des Friedensbringers Augustus errichtet. Das Relief zeigt einen Teil des Festzuges anläßlich der Weihe des Friedensaltars. In der Mitte ist Agrippa, der Schwiegersohn des Augustus, dargestellt.

E Die *clementia* des Augustus

Clementiae civilitatisque eius multa et magna documenta sunt. Ne enumerem, quot et quos diversarum partium venia et incolumitate donatos principem etiam in civitate locum tenere passus sit: Iunium Novatum et Cassium Patavinum e plebe homines alterum pecunia, alterum levi exilio punire satis habuit, cum ille Agrippae iuvenis nomine asperrimam de se epistulam in vulgus edidisset, hic convivio pleno proclamavisset neque votum sibi neque animum deesse confodiendi eum.

cīvīlitās Leutseligkeit
ēnumerāre aufzählen
incolumitās Unversehrtheit
prīncipem ≈ *prīmam*

asper schlimm
ēdere herausgeben – *convīvium* Gastmahl – *prōclāmāre* verkünden

76 Der verachtete Rat

I Der folgende Text stammt aus der *Disciplīna clēricālis* des Petrus Alfonsi. Dieses Werk besteht aus 39 Gesprächen zwischen Vater und Sohn, in denen belehrende orientalische Erzählungen wiedergegeben werden.

L Quadam die, cum ego et socii mei perrexissemus ad urbem sole ad occasum appropinquante et adhuc longe essemus a civitate, vidimus semitam, quae secundum visum ad civitatem ituris promittebat compendium. Invenimus senem, a quo requisivimus consilium de itinere illius semitae. At senex ait: „Propius semita ducit ad civitatem quam magna via, et tamen citius per magnam viam ad civitatem venietis quam per semitam." Hoc audientes illum pro stulto habuimus et magnam viam praetermittentes semitae declinavimus. Quam insistentes ad dextram et ad sinistram, ubi fuit nox, deerravimus nec ad civitatem pervenimus. Ac si per callem pergentes fuissemus, sine dubio moenia civitatis intravissemus.

sēmita Pfad

compendium Abkürzung

praetermittere nicht benützen

sēmitae dēclīnāre in den Pfad einbiegen – *dēerrāre* abirren

callis Straße

Ü ① Welche Funktion hat der Irrealis im folgenden Text?

Nec tamen dubito, quin habuerit vim magnam semper oratio. Neque enim iam Troicis temporibus tantum laudis in dicendo Ulixi tribuisset Homerus et Nestori, nisi iam tum fuisset honos eloquentiae; neque ipse poeta hic tam ornatus[1] in dicendo ac plane[2] orator fuisset.

② Beschreiben Sie den Aufbau der irrealen Ausdrucksweise in E.

③ Welchem Zweck dient die Verwendung des Irrealis in E?

4 Welche Stilmittel verwendet der Autor in Zeile 2 und 3 von E?

5 Lesen Sie E unter Berücksichtigung des Versmaßes (20 G 1).

---

[1] *ōrnātus* vortrefflich [2] *plānē* durchaus

⑥ Verbinden Sie die Präpositionen, die in 76 G 2 aufgelistet sind, mit Substantiven Ihrer Wahl.

⑦ Übersetzen Sie folgende Wortverbindungen: statua ex aere facta, aes alienum, aestus pati.

E Das Küken und die Perle

In sterquilino pullus gallinaceus
dum quaerit escam, margaritam repperit.
„Iaces indigno quanta res“ inquit „loco“.
„Hoc si quis pretii cupidus vidisset tui,
olim redisses ad splendorem pristinum.
Ego quod te inveni, potior cui multo est cibus,
nec tibi prodesse nec mihi quicquam potest.“
Hoc illis narro, qui me non intellegunt.

sterquilīnum Misthaufen – *pullus gallināceus* Küken – *ēsca* Essen *margarīta* Perle

splendor Glanz – *prīstinus* alt

multō potior viel wichtiger – *cibus* Nahrung

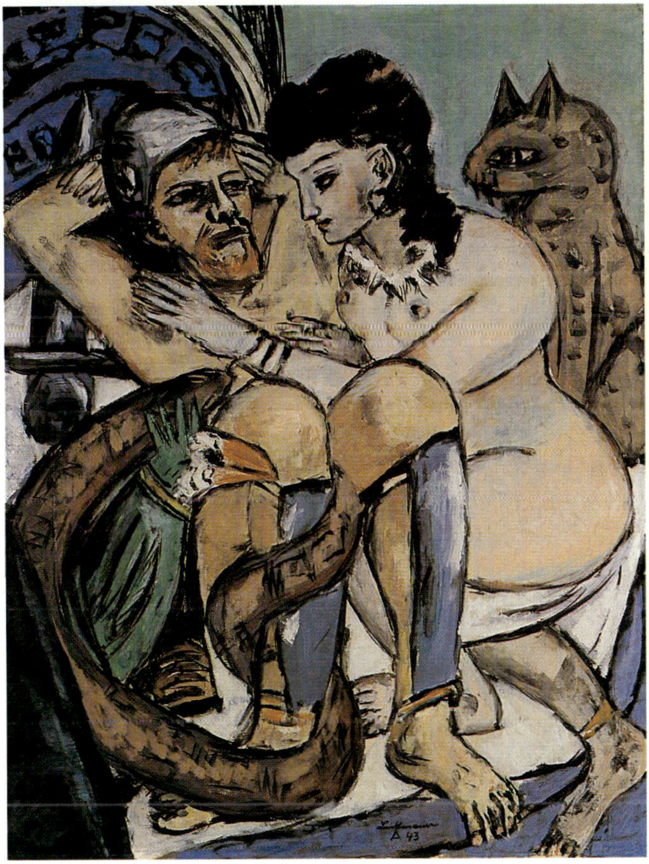

Ulixes (Odysseus) hat die Phantasie vieler Künstler seit Homer beschäftigt. Max Beckmann hat 1943 „Odysseus und Kalypso“ gemalt. Der griechische Held war während seiner Jahrzehnte dauernden Irrfahrt nach der Zerstörung Trojas auf die Insel der Nymphe Kalypso verschlagen worden. Obwohl sie ihn mit allen nur erdenklichen Mitteln zu verwöhnen suchte, trieb ihn die Sehnsucht nach seiner Frau Penelope wieder in neue Abenteuer. (Hamburg, Kunsthalle)

77 Der gebratene Schwan

I Das folgende Gedicht kommt aus der Textsammlung der *Carmina Burāna*, der Lieder aus Benediktbeuren. Diese *carmina* stammen aus dem 12. und 13. Jahrhundert, als die lateinische Sprache noch eine lebendige Sprache in ganz Europa war. Die Autoren der Lieder sind meist unbekannt.

L Olim lacus colueram,
Olim pulcher exstiteram,
Dum cygnus ego fueram.
  Miser, miser!
  Modo niger
  Et ustus fortiter.

lacus, -ūs Teich
cygnus Schwan

Eram nive candidior,
Quavis ave formosior,
Modo sum corvo nigrior.
  Miser, miser!
  Modo niger
  Et ustus fortiter.

candidus weiß
avis Vogel – *fōrmōsus* schön
corvus Rabe

Gyrat, regyrat garcifer;
Me rogus urit fortiter,
Propinat me nunc dapifer.
  Miser, miser!
  Modo niger
  Et ustus fortiter.

gȳrāre drehen – *regȳrāre* weiterdrehen – *garcifer* Koch – *rogus* Feuer – *propīnāre* auftischen
dapifer Speisenträger

Mallem in aquis vivere
Nudo semper sub aere
Quam in hoc mergi pipere.
  Miser, miser!
  Modo niger
  Et ustus fortiter.

āēr Luft
mergere eintauchen – *piper* Pfeffer

Nunc in scutella iaceo
Et volitare nequeo,
Dentes frendentes video.
  Miser, miser!
  Modo niger
  Et ustus fortiter.

scutella Schüssel
volitāre fliegen
frendere knirschen

Fortuna, die Göttin des Schicksals, wird in einer Handschrift der *Carmina Burāna* aus dem 13. Jh. auf einem Rad sitzend als Königin dargestellt.
Das Rad symbolisiert die Wandelbarkeit des menschlichen Schicksals. Die Wörter am Rand bedeuten: *rēgnō* ich herrsche, *rēgnāvī* ich war Herrscher, *sum sine rēgnō* ich bin ohne Herrschaft, *rēgnābō* ich werde herrschen.

Ü

1 Stellen Sie einige stilistische Besonderheiten zusammen.

(2) Beschreiben Sie den Aufbau des Gedichtes.

(3) Was beabsichtigt der Autor mit dem Text?

4 Lesen Sie den Text unter sorgfältiger Berücksichtigung der langen und kurzen Silben.

5 Wiederholen Sie 55 G 3.

(6) Übersetzen Sie folgende Wortverbindungen: rēbus agitātīs, sēcum agitāre, invidiā agitātus, agitātur pāx, agitārī metū et inopiā.

(7) Vergleichen Sie *tempus* und *tempestās*.

(8) Was hat *auxilium* mit *augēre* zu tun?

78 Des Hasen Klage (1574)

L

Flevit lepus parvulus
Clamans altis vocibus:
Quid feci hominibus,
Quod me sequuntur canibus?
Neque in horto fui,
Neque holus comedi.
Longas aures habeo,
Brevem caudam teneo;
Leves pedes habeo,
Magnum saltum facio.
Caro mea dulcis est,

Pellis mea mollis est.
Quando servi vident me,
„Hase, Hase“, vocant me.
Domus mea silva est,
Lectus meus durus est.
Dum montes ascendero,
Canes nihil timeo.
Dum in aulam venio,
Gaudet rex – et non ego.
Quando reges comedunt me,
Vinum bibunt super me.

lepus Hase – *parvulus* ≈ *parvus*

holus, holeris n. Gemüse – *comedere* ≈ *edere*

cauda Schwanz

carō, carnis Fleisch

pellis Fell

Ü

① Halten Sie folgende Wörter auseinander: audēre, audīre, auferre, augēre – aula, aura, auris, aurum – bellum, bellus – capere, carpere – cāsus, causa – cēnāre, cēnsēre, cernere, certāre, crēdere, crēscere.

② Was haben die Wörter *hortus* und *cohors* gemeinsam? (Im Lexikon sind für *cohors* u. a. folgende Bedeutungsangaben zu finden: Gehege, Hofraum, Viehhof, Haufe, Schar, Menge, Kohorte = 10. Teil einer Legion).

③ Klären Sie die Bedeutung: agmen dūcere, agmen cōgere oder claudere, agmen cōnstituere.

④ Was ist ein *numerus clausus*?

⑤ Worin besteht der Bedeutungszusammenhang zwischen *altus* und *alere*?

⑥ Vergleichen Sie *rēgius* mit *rēx* und *patrius* mit *pater.*

⑦ Übersetzen Sie: sollicitāre plēbem, mīlitēs pecūniā sollicitāre, cūra cīvēs sollicitat, metū sollicitātus.

Frühlingslied

L

Ecce gratum
et optatum
ver reducit gaudia:
purpuratum
floret pratum,
sol serenat omnia.
Iam iam cedant tristia.
Aestas redit,
nunc recedit
hiemis saevitia.

vēr Frühling
purpurātum purpurn
prātum Wiese
serēnāre heiter machen

Iam liquescit
et decrescit
grando, nix et cetera;
bruma fugit
et iam sugit
veris tellus ubera.
Illi mens est misera,
qui nec vivit
nec lascivit
sub aestatis dextera.

liquēscere schmelzen
dēcrēscere verschwinden
grandō Hagel
brūma Winter
sūgere saugen
über, überis Euter
lascīvīre fröhlich sein

Gloriantur
et laetantur
in melle dulcedinis,
qui conantur,
ut utantur
praemio Cupidinis.
Simus iussu Cypridis
gloriantes
et laetantes
pares esse Paridis.

mel, mellis Honig – *dulcēdō* Süße
Cupīdō Liebesgott
iussū auf Befehl – *Cypris* Liebesgöttin Venus

1. Stellen Sie einige Wörter mit dem Präfix *re-* zusammen (mit deutscher Bedeutung).
2. Was kann der Konjunktiv im Hauptsatz bezeichnen?
3. In welchem Verhältnis stehen in L die Naturerscheinungen des Winters/Frühlings zu den Gefühlen des Menschen?
4. Welche Wörter des Textes gehören zu dem Sachfeld „Freude“?
5. Übersetzen Sie die Verbindungen mit *solvere*: solvere nāvem, crīnēs, vinculum, canem, ē portū, aes aliēnum, poenam.

80 In der Kneipe

L

In taberna quando sumus,
non curamus, quid sit humus,
sed ad ludum properamus,
cui semper insudamus.
Quid agatur in taberna,
ubi nummus est pincerna,
hoc est opus ut quaeratur;
sed quid loquar, audiatur:

taberna Kneipe
īnsūdāre (m. Dat.) bei etwas schwitzen
nummus Geld – *pincerna* Mundschenk

Quidam ludunt, quidam bibunt,
quidam indiscrete vivunt;
sed in ludo qui morantur,
in his quidam denudantur,
quidam ibi vestiuntur,
quidam saccis induuntur;
ibi nullus timet mortem,
sed pro Baccho mittunt sortem.

indiscrētē liederlich
dēnūdāre ausziehen
saccus Sack – *induere* bekleiden

Primo pro nummata vini;
ex hac bibunt libertini:
semel bibunt pro captivis,
post haec bibunt ter pro vivis,
quater pro christianis cunctis,
quinquies pro fidelibus defunctis,
sexies pro sororibus vanis,
septies pro militibus silvanis,

nummāta Bezahlung, Geldstück
lībertīnus ausgelassen
captīvus Gefangener
ter dreimal
quater viermal – *christiānus* Christ
quīnquiēs fünfmal – *fidēlis* gläubig
dēfunctus Verstorbener – *sexiēs* … *ūndeciēs* sechsmal … elfmal – *vānus* eingebildet – *silvānus* im Wald lebend

Octies pro fratribus perversis,
novies pro monachis dispersis,
decies pro navigantibus,
undecies pro discordantibus,
duodecies pro paenitentibus,
tredecies pro iter agentibus,
tam pro papa quam pro rege
bibunt omnes sine lege.

perversus verkommen
monachus Mönch – *dispersus* verstreut
discordārī uneins sein
duodeciēs zwölfmal – *paenitēns* bereuend – *trēdeciēs* dreizehnmal
papa Papst

Bibit hera, bibit herus,
bibit miles, bibit clerus,
bibit ille, bibit illa,
bibit servus cum ancilla,

hera Herrin – *herus* Herr
clērus Kirchenmann
ancilla Magd

bibit velox, bibit piger,
bibit albus, bibit niger,
bibit constans, bibit vagus,
bibit rudis, bibit magus.

vēlōx schnell – *piger* träge
albus weiß
vagus nicht seßhaft
rudis ungebildet – *magus* gelehrt

Bibit pauper et aegrotus,
bibit exsul et ignotus,
bibit puer, bibit canus,
bibit praesul et decanus,
bibit soror, bibit frater,
bibit anus, bibit mater,
bibit iste, bibit ille,
bibunt centum, bibunt mille.

cānus alt, grau
praesul Bischof – *decānus* Dekan
anus Greisin

Parum sescentae nummatae
durant, cum immoderate
bibunt omnes sine meta,
quamvis bibant mente laeta.
Sic nos rodunt omnes gentes,
et sic erimus egentes.
Qui nos rodunt, confundantur
et cum iustis non scribantur!

sēscentī sechshundert
dūrāre reichen – *immoderātus* maßlos – *mēta* Ziel
rōdere anfressen
cōnfundere vernichten

Ü

① Beschreiben Sie den Aufbau dieses Textes. Stellen Sie die Gliederung des Gedankenganges dar.

② Welche Stimmung spricht aus dem Gedicht?

③ Welche Absicht verfolgt der Autor mit seinem Text?

81 Der Teufel und die eitle Frau

I Caesarius von Heisterbach hat mit seinem *Dialogus mīrāculōrum* (Dialog von den Wundern) ein Gespräch zwischen einem Mönch und einem Novizen dargestellt, der in die Welt eingeführt werden soll. Caesarius schreibt vom streng kirchlichen Standpunkt seiner Zeit aus und führt dem Leser viele der damals herrschenden Vorstellungen und Anschauungen vor. Alle Erzählungen haben den Zweck, den kirchlichen Gedanken und das Ordensleben im Gegensatz zum weltlichen Treiben zu verherrlichen.

L Rettulit mihi quidam civis honestus, asserens suis temporibus Maguntiae, si bene memini, hoc, quod dicturus sum, contigisse veraciter. Die quadam Dominica, cum sacerdos in ecclesia, cuius erat plebanus, circumiret et aqua benedicta populum aspergeret, ad ostium ecclesiae veniens, matronam quandam pompatice venientem et ad similitudinem pavonis variis ornamentis pictam obviam habuit. In cuius cauda vestimentorum, quam trahebat post se longissimam, multitudinem daemonum residere conspexit. Erant enim parvi ut glires, nigri sicut Aethyopes, ore cachinnantes, manibus plaudentes, et sicut pisces intra sagenam conclusi saltantes. Revera ornatus muliebris sagena diaboli est. Quod ut vidit, daemonum quadrigam foris exspectare fecit; plebem advocavit, daemones, ne fugerent, adiuravit. Territa illa stetit et, ut visiones populus videre mereretur, quia vir bonus et iustus fuit, orationibus obtinuit. Intellegens mulier ob vestimentorum superbiam sic se a daemonibus esse derisam, domum rediit, vestimenta mutavit et tam ipsi quam ceteris feminis eadem visio occasio facta est humilitatis.

asserere behaupten
vērāciter wahrhaftig
diēs Dominica Sonntag – *ecclēsia* Kirche – *plebānus* Pfarrer
benedictus geweiht – *aspergere* besprengen – *mātrōna* Frau
pompāticē pompös
pāvō Pfau – *pictus* bemalt, geschmückt – *cauda* Schleppe
daemōn Dämon
glīrēs Haselmäuse
cachinnāre laut lachen – *plaudere* klatschen – *piscis* Fisch – *sagēna* Schleppnetz – *rēvērā* in Wirklichkeit – *ōrnātus* Schmuck – *muliebris* weiblich – *diabolus* Teufel
quadrīga Fuhre
adiūrāre beschwören
vīsiō Erscheinung
merērī Gelegenheit erhalten
dērīdēre auslachen
humilitās Demut

Ü 1 Welcher Textsorte ist L zuzurechnen?

2 Stellen Sie einige Stilmittel fest und untersuchen Sie deren Funktion für die Mitteilung des Textes.

2 Die Klage des Friedens

I Erasmus läßt 1517 in seiner Schrift mit dem Titel *Querēla pācis* den Frieden über die Uneinigkeit, den Streit und den Krieg unter den Menschen klagen. In dieser trostlosen Situation beschwört der Frieden die Menschen, doch auf die Stimme der Vernunft und mehr noch auf Christus zu hören und von den Kämpfen abzulassen. Die Schrift beginnt mit der Feststellung, daß man die Quelle allen menschlichen Glückes von sich wiese und ein Meer von Plagen auf sich zöge, wenn man den Frieden verstieße.

L Solos homines, quos omnium maxime decebat unanimitas quibusque cum primis opus est ea, neque natura tam aliis in rebus potens et efficax conciliat, nec institutio coniungit, nec tot ex consensu profecturae commoditates conglutinant, nec tantorum denique malorum sensus et experientia in mutuum amorem redigit. Figura communis omnium, vox eadem, et cum cetera animantium genera corporum formis potissimum inter se differant, uni homini indita vis rationis, quae ita sit illis inter ipsos communis, ut cum nullo sit reliquorum animantium communis. Uni huic animanti sermo datus, praecipuus necessitudinum conciliator: Insita sunt communiter disciplinarum ac virtutum semina, ingenium mite placidumque et ad mutuam benevolentiam propensum, ut per se iuvet amari, et iucundum sit de aliis vel gratis bene mereri, nisi quis pravis cupiditatibus sive Circes pharmacis corruptus ex homine degeneraverit in belluam. Hinc est, videlicet, quod vulgus, quidquid ad mutuam benevolentiam pertinet, humanum appellat, ut humanitatis vocabulum non iam naturam nobis declaret, sed mores hominis natura dignos.

decēre schmücken
ūnanimitās Einmütigkeit – *cum prīmīs* vor allem
efficāx wirksam
profectūrus herrührend
commoditās Annehmlichkeit
conglūtināre zusammenschweißen
mūtuus gegenseitig
cum m. Konj. während – *animantium* ≈ *animālium* – *potissimum* vor allem – *inditus* gegeben
animantī ≈ *animālī*
conciliātor Hersteller
mītis sanft – *placidus* liebenswürdig
benevolentia Wohlwollen – *prōpēnsus* geneigt
prāvus verkehrt
pharmacum Gift
dēgenerāre entarten – *bellua* Tier
vidēlicet natürlich
dēclārāre bezeichnen.

Ü ① Erschließen Sie den Text im Sinne der Anleitung aus 57 G.

② Klären Sie vor allem die Funktion der Gliedsätze.

③ Welche Eigenschaften und Fähigkeiten heben den Menschen aus der übrigen Schöpfung heraus?

83 Über die römischen Ämter

I In der Schrift *Dē linguā Latīnā* untersucht der römische Gelehrte und Dichter Marcus Terentius Varro u. a. die Entstehung und Bedeutung lateinischer Wörter. Aus dieser Schrift ist der folgende Text entnommen. Varro hat außerdem ein umfangreiches literarisches Werk hinterlassen; von seinen über 70 Titeln sind aber nur wenige vollständig erhalten. Am berühmtesten ist wohl sein Alterswerk über den Landbau (Rerum rusticarum libri III), das im Jahre 37 vor Chr. erschienen ist.

L Consul nominatus est, qui consuleret populum et senatum, nisi illinc potius, unde Attius ait in Bruto: „Qui recte consulat, consul cluat." Praetor dictus est, qui praeiret iuri et exercitui. A quo id Lucilius: „Ergo praetorum est ante et praeire." Censor, ad cuius censionem, id est arbitrium, censeretur populus. Aedilis, qui aedes sacras et privatas procuraret. Quaestores a quaerendo, qui conquirerent publicas pecunias et maleficia, quae triumviri capitales nunc conquirunt; ab his postea, qui quaestionum iudicia exercent, quaestores dicti sunt. Tribuni militum, quod terni ex tribus tribubus Ramnium, Lucerum, Titium olim ad exercitum mittebantur. Tribuni plebei, quod ex tribunis militum primum tribuni plebei facti, qui plebem defenderent, in secessione Crustumerina. Dictator, quod a consule dicebatur, cui dicto audientes omnes essent. Magister equitum, quod summa potestas huius in equites et accensos, ut est summa populi dictator, a quo is quoque magister populi appellatus est. Sacerdotes universi a sacris dicti. Pontifices, ut Scaevola Quintus pontifex maximus dicebat, a posse et facere, ut „potifices". Ego a ponte arbitror; nam ab his sublicius est factus primum, ut restitutus saepe, cum eadem sacra et uls et cis Tiberim non mediocri ritu fiant.

illinc von dort

cluat (er) soll heißen – *praeīre* vorangehen

ante et praeīre zuerst und nach vorn gehen – *cēnsiō* Ermessen

conquīrere eintreiben, aufspüren *maleficium* Schandtat – *triumvirī capitālēs* Kerkermeister – *quaestiō* Verhör

ternī je drei

sēcessiō Auszug

accēnsī Ersatzleute

sublicius (pōns) auf Pfählen ruhend

uls et cis (m. Akk.) jenseits und diesseits – *mediocrī rītū* mit geringem Aufwand

Mit den im Text von L erwähnten *Ramnes* sind die Angehörigen des ursprünglichen Volkes des Romulus gemeint. Der sagenhafte Stadtgründer von Rom ist oft zusammen mit seinem Bruder Remus an den Zitzen einer Wölfin saugend dargestellt worden. Das Relief hält den Augenblick fest, in dem die Zwillingsbrüder von Hirten entdeckt werden.
Die Gestalt rechts in der mittleren Szene personifiziert den Flußgott Tiber, auf dem die Kinder in einem Kasten von ihrer Mutter, einer Priesterin, ausgesetzt worden waren.
(Rom, Vatikan)

Ü ① Übersetzen Sie die Relativsätze so, daß ihre begründende Funktion möglichst deutlich hervortritt.

a) O magna vis veritatis, quae contra hominum ingenia, calliditatem[1], sollertiam[2] contraque fictas omnium insidias facile[3] se per se ipsa defendat.

b) Tarquinio quid impudentius[4], qui bellum gereret cum iis, qui eius non tulerant superbiam.

c) Me, qui ad multam noctem vigilavissem, artior[5] quam solebat somnus complexus est.

d) Non tibi invideo, qui omnibus rebus abundem[6].

② Erklären Sie die Verwendung des Konjunktivs in den Relativsätzen von L.

③ Welcher Textsorte sind Varros Ausführungen zuzurechnen? Begründen Sie Ihre Antwort aus dem Text (vgl. 26 G 3 u. 4).

④ Welche Wörter sind verwandt mit *nominare, senatus, dicere, exercitus, arbitrium*?

---

[1] *calliditās* Schlauheit [2] *sollertia* Geschicklichkeit [3] *facile* Adv. zu *facilis* [4] *impudēns* schamlos [5] *artus* fest [6] *abundāre* Überfluß haben

84 Catos Karriere

I M. Porcius Cato Censorius wurde durch seinen Einsatz für das Amt des Censors berühmt, das ihm den Beinamen *Cēnsōrius* einbrachte. Bekannt war er auch durch seine entschiedene Ablehnung des griechischen Einflusses auf das römische Leben und Denken. Sein außenpolitisches Ziel war die Vernichtung Karthagos, der mit Rom konkurrierenden Macht im Mittelmeerraum. *Carthāgō dēlenda est* war seine Devise. Innenpolitisch war er vom Wert des *mōs māiōrum*, der altrömischen Tradition, überzeugt. Die altrömische *virtūs* war sein Leitbild. Als Schriftsteller hat er u. a. ein Werk über die Landwirtschaft *(Dē agrīcultūrā)* verfaßt und eine Darstellung der geschichtlichen Grundlagen des römischen Staates, *Orīginēs*, herausgegeben.

L M. Cato, ortus municipio Tusculo, adolescens, priusquam honoribus operam daret, versatus est in Sabinis, quod ibi heredium a patre relictum habebat. Inde hortatu L. Valerii Flacci, quem in consulatu censuraque habuit collegam, ut M. Perpenna censorius narrare solitus est, Romam demigravit et in foro esse coepit. Primum stipendium meruit adolescens annorum decem septemque. Q. Fabio M. Claudio consulibus tribunus militum in Sicilia fuit. Inde ut rediit, castra secutus est C. Claudii Neronis, magnique opera eius existimata est in proelio apud Senam, quo cecidit Hasdrubal, frater Hannibalis. Quaestor obtigit P. Africano consuli; cum quo non pro sortis necessitudine vixit: namque ab eo perpetua dissensit vita. Aedilis plebei factus est cum C. Helvio. Praetor provinciam obtinuit Sardiniam, ex qua quaestor superiore tempore ex Africa decedens Q. Ennium poetam deduxerat; quod non minoris aestimamus quam quemlibet amplissimum Sardiniensem triumphum.

mūnicipium Kleinstadt
hērēdium Erbschaft
hortātus Zureden
cēnsūra Amt des Zensors
dēmigrāre wegziehen
stipendium merēre dienen
obtingere zugeteilt werden
prō sortis n. der Notwendigkeit der Losentscheidung entsprechend
quīlibet ein beliebiger

Ü ① Welche Funktion hat der Genitiv in folgenden Sätzen oder Wortverbindungen?

a) Voluptatem virtus minimi facit.
b) Virtus regis magni habebatur.

c) Agere perite pluris aestimatur quam cogitare prudenter.

d) Memor libertatis - decus virtutis - numen dearum - ambitio magistratuum - concilium egregiorum - timor belli.

② Beschreiben Sie die Funktion des Ablativs.

a) Liberi parentes passibus aequabant.

b) Equitatus e castris egressus est.

c) Mundus a deo regnatur.

d) Res publica multis sceleribus vexatur.

③ Was bedeuten folgende Wendungen?

summa senectute - hoc bello - cum liberis et libertis - consulatu priore - solis occasu - a priori.

So etwa hat Carthago im 2. Jahrhundert vor Chr. ausgesehen. Die Stadt war vor ihrer Zerstörung im Jahre 146 vor Chr. durch P. Cornelius Aemilianus (185-129), den Adoptivenkel des P. Cornelius Scipio Africanus, mit 150 Tausend Einwohnern dreimal so groß wie Rom.

85 Römische Frauen und ihre Rechte

I Livius war kein Geschichtsforscher im modernen Wortsinne. Er setzte sich in seinem Werk *Ab urbe condita* nicht kritisch mit der Überlieferung auseinander, sondern nahm sie im allgemeinen als historische Wahrheit. Die traditionelle *res publica* lieferte ihm die Maßstäbe seiner geschichtlichen Wertung. Die altrömischen Tugenden und Wertvorstellungen waren ihm Anhaltspunkte für die Beurteilung geschichtlicher Persönlichkeiten und Ereignisse. Im Verfall der alten Sitten *(mores maiorum)* sah er die Ursachen für den Niedergang der römischen Gesellschaft. Mit der Darstellung großer Vorbilder versuchte er zur Erneuerung dieser Gesellschaft beizutragen. Damit kam er den Reformbestrebungen des Augustus entgegen.

Die Texte der beiden folgenden Lesestücke sind dem Anfang des 34. Buches entnommen, das zunächst die Ereignisse des Jahres 195 vor Chr. schildert. Die Volkstribunen *(tribuni plebis)* M. Fundanius und L. Valerius beantragten beim Volk, das Oppische Gesetz *(lex Oppia)* aufzuheben. Dieses war von dem Volkstribunen C. Oppius während des Punischen Krieges eingebracht worden. Es verbot den Frauen, größeren Privatbesitz zu haben, ein buntes Gewand zu tragen und auf einem bespannten Wagen in Rom oder einer anderen Stadt im Umkreis einer Meile zu fahren. Die Frage der Abschaffung dieses Gesetzes wurde in Gegenwart einer großen Menschenmenge öffentlich diskutiert. M. Porcius Cato ist besonders scharf gegen die Abschaffung des Gesetzes eingetreten.

L Maiores nostri nullam, ne privatam quidem rem agere feminas sine tutore auctore voluerunt, in manu esse parentium, fratrum, virorum; nos, si deis placet, iam etiam rem publicam capessere eas patimur et foro quoque et contionibus et comitiis immisceri. Quid enim nunc aliud per vias et compita faciunt quam rogationem tribunorum plebi suadent, quam legem abrogandam esse censent? Date frenos impotenti naturae et indomito animali et sperate ipsas modum licentiae facturas esse; nisi vos facietis, minimum hoc eorum est, quae iniquo animo feminae sibi aut moribus aut legibus iniuncta esse patiuntur: omnium rerum libertatem, immo licentiam, si vere volumus dicere, desiderant.

tūtor Vormund
capessere übernehmen
contiō Volksversammlung – *immiscērī* sich mischen in (Dat.) – *compitum* Kreuzung – *rogātiō* Antrag
quam als daß
abrogāre aufheben
frēnī Zügel – *indomitus* ungezähmt
iniungere auferlegen

Ü [1] Übersetzen Sie:

a) Alcibiades Athenas victas Lacedaemoniis servire non poterat pati.

b) Iubet nos Pythius Apollo noscere nos ipsos.

c) Vetamus testem de tumultu disserere.

d) Timoleon maluit se diligi quam metui.

Hochzeit eines vornehmen Römers. Relief von einem Feldherrnsarkophag (170 n. Chr.). In der Mitte steht *Concordia* (Göttin der Eintracht), die das Brautpaar durch Handauflegen vereinigt. (Mantua, Palazzo Ducale)

② Was bedeuten folgende Redewendungen?

a) Semper aliquid haeret.

b) Ira incensus est.

c) Incendium alere nolumus.

d) Uter consul?

e) Supplex undis et tempestatibus iactatus erat.

f) Caesar Gallis obsides imperat.

③ Erklären Sie die Funktion des Ablativs.

a) sub iugo, in summo iugo

b) casu fieri

c) in maximo scelere deprehendi

d) furore captus

e) sibi aliquem foederibus iungere

f) Iuppiter specie mortali venit.

④ Beschreiben Sie Catos Einstellung zur Frau. Belegen Sie Ihre Beobachtungen mit entsprechenden Formulierungen aus L.

⑤ Worin unterscheiden sich *lībertās* und *licentia*? Beachten Sie den Wortgebrauch in L.

[6] Stellen Sie einige Merkmale der literarischen Gattung von L fest.

86 Emanzipation – eine Gefahr?

L Quid enim, si hoc expugnaverint, non temptabunt? Recensete omnia muliebria iura, quibus licentiam earum alligaverint maiores vestri per quaeque subiecerint viris; quibus omnibus constrictas vix tamen continere potestis. Quid? Si carpere singula et extorquere et aequari ad extremum viris patiemini, tolerabiles vobis eas fore creditis? Extemplo, simul pares esse coeperint, superiores erunt. At hercule, ne quid novum in eas rogetur, recusant, non ius, sed iniuriam deprecantur: immo, ut, quam accepistis, iussistis suffragiis vestris legem, quam usu tot annorum et experiendo comprobavistis, hanc ut abrogetis, id est ut unam tollendo legem ceteras infirmetis. Nulla lex satis commoda omnibus est; id modo quaeritur, si maiori parti et in summam prodest. Si, quod cuique privatim officiet ius, id destruet ac demolietur, quid attinebit universos rogare leges, quas mox abrogare, in quos latae sunt, possint?

recēnsēre durchdenken – *muliebris* weiblich – *alligāre* unterdrücken
cōnstringere einschränken
extorquēre entreißen
tolerābilis erträglich
extemplō sofort
hercule beim Herkules
dēprecārī erbitten
immō erg. postulābant
suffrāgium Abstimmung
comprobāre ≈ *probāre*
abrogāre abschaffen
īnfīrmāre schwächen
officere hinderlich sein – *dēstruere* vernichten – *dēmōlīrī* zerstören
attinet (m. A. c. i.) es hilft

Ü

1 Untersuchen Sie den Text auf die Merkmale hin, die ihn als öffentliche Rede kennzeichnen.

2 Wodurch unterscheidet sich die Rede besonders deutlich von erzählenden oder berichtenden Texten (z. B. 83 L und 84 L)?

3 Beachten Sie die Regeln der *consecutio temporum.*

a) Soli hoc contingit sapienti, ut nihil faciat invitus.

b) Scio, quid egeris.

c) Dic, quid amicus tuus fecerit, quid ipsi acciderit, quid dixerit, aut quid faciat, quid ipsi accidat, quid dicat.

d) Bonis perniciei esse solet, qui malis adsit.

4 Was ist ein *homo in omnibus rebus praeceps*?

5 Was passiert demjenigen, von dem es heißt: *praeceps de muro in mare cadit?*

⑥ Was bedeutet *rem publicam in praeceps dare*?

⑦ Bestimmen Sie die Funktion des Dativs.

a) Placidus saepe sibi periculum creat.

b) Magistratus sibi collegam creat.

c) Coniux coniugi liberos creat.

⑧ Klären Sie die Bedeutung folgender Wortverbindungen.

a) magno spatio confecto

b) spatium complurium dierum dare

c) longum spatium itineris

d) spatium deliberandi

e) caeli spatium

⑨ Unterscheiden Sie: *deos precari* und *salutem precari*.

⑩ In welchem Falle heißt *prodere* „preisgeben", „verraten" oder „überliefern"?

a) memoriae ac litteris prodere

b) memoriam de seditione prodere

c) ducem hostibus prodere

d) aliquem ad caedem prodere

e) fidem prodere

⑪ Welche Wörter sind verwandt mit *expugnare, ius, licentia, vir, continere, aequari, accipere*?

⑫ Stellen Sie die Funktion der Gliedsätze in L fest.

⑬ Welche Gliedsatzart kommt in L besonders häufig vor? Erklären Sie diese Tatsache.

Trotz aller häuslichen Pflichten hatten römische Frauen noch Zeit, mitunter auch eine Wahrsagerin aufzusuchen. (Neapel, Nationalmuseum)

87 Staatsmann und Privatmann

I Seneca beginnt seine Schrift *Dē clēmentiā* mit etwa folgenden Worten: Ich habe mir vorgenommen, Cäsar Nero, über die Güte (Nachsicht, Milde) zu schreiben, um dir gewissermaßen einen Spiegel vorzuhalten und dir zu veranschaulichen, daß du zur höchsten Lust gelangen wirst, wenn du dir meine Ausführungen zu Herzen nimmst ... Seneca will also dem jungen Nero, der gerade das 18. Lebensjahr überschritten hat, ein Verhalten demonstrieren, das ihm als Herrscher größten Erfolg und höchste Beliebtheit einbringt. In diesem Zusammenhang geht Seneca auch auf die außerordentliche Stellung des Herrschers im Gegensatz zum gemeinen Mann ein.

L Grave putas eripi loquendi arbitrium regibus, quod humillimi habent. ‚Ista‘ inquis ‚servitus est, non imperium.‘ Quid? tu non experiris istud esse nobis, tibi servitutem? Alia condicio est eorum, qui in turba, quam non excedunt, latent, quorum et virtutes, ut appareant, diu luctantur et vitia tenebras habent; vestra facta dictaque rumor excipit, et ideo nullis magis curandum est, qualem famam habeant, quam qui, qualemcumque meruerint, magnam habituri sunt. Quam multa tibi non licent, quae nobis beneficio tuo licent! Possum in qualibet parte urbis solus incedere sine timore, quamvis nullus sequatur comes, nullus sit domi, nullus ad latus gladius; tibi in tua pace armato vivendum est. Aberrare a fortuna tua non potes; obsidet te et, quocumque descendis, magno apparatu sequitur. Est haec summae magnitudinis servitus non posse fieri minorem; sed cum dis tibi communis ipsa necessitas est. Nam illos quoque caelum alligatos tenet nec magis illis descendere datum est quam tibi tutum; fastigio tuo affixus es. Nostros motus pauci sentiunt, prodire nobis ac recedere et mutare habitum sine sensu publico licet; tibi non magis quam soli latere contingit. Multa contra te lux est, omnium in istam conversi oculi sunt; prodire te putas? Oreris.

humillimus Superlativ zu *humilis*
inquis 2. Pers. zu *inquit*

luctārī ringen – *tenebrae* Dunkelheit – *rūmor* Geraune

quāliscumque welcher auch immer

incēdere ≈ *cēdere*

latus, lateris Seite
aberrāre abweichen

dīs ≈ *deīs*
alligāre anbinden

fastīgium Höhe
prōdīre ausgehen

Kaiser Nero. (Rom, Kapitolinische Museen)

Ü

① Worin bestehen nach Seneca die Unterschiede zwischen den Königen und den übrigen Menschen?

② Worin besteht die „Knechtschaft" eines Königs?

③ Welche Vorteile hat der Privatmann gegenüber dem in der Öffentlichkeit Stehenden?

4 Stellen Sie einige stilistische Besonderheiten des Textes fest und versuchen Sie, die beabsichtigte Wirkung zu ermitteln.

⑤ Welche Wörter passen zu *audāx*? Stellen Sie einige lateinische Wörter des Sachfeldes „mutig" zusammen.

⑥ Was bedeuten folgende Wortverbindungen?

a) coetus occulti b) in deorum coetum venire c) magnifice vivere d) magnificum factum e) interrogare consuevit

⑦ Wann bedeutet *volvere* „wälzen", „rollen" oder „erwägen"?

multa secum volvere, volventibus annis, consilia volvere, oculos volvere, undis volvi.

⑧ Vergleichen Sie: tantus – quantus, talis – qualis, tot – quot, tam – quam, totiens – quotiens.

88 Die politische Rede

I Cicero hat in seiner Schrift *Dē ōrātōre* u. a. Regeln und Grundsätze für die öffentliche Rede dargestellt. Zuvor war die spezifische Aufgabe des Redners, Argumente wirkungsvoll anzuordnen und zu gliedern, erläutert worden: Der Redner sollte sich dieser Aufgabe mit größter Gewissenhaftigkeit annehmen, um seine Zuhörer für sich zu gewinnen. So müsse z. B. das stärkste Argument am Anfang stehen, und auch für den Schluß sei etwas Wirkungsvolles vorzusehen. Einleitung *(prīncipium* oder *exōrdium)* und Schluß *(perōrātiō)* einer Rede seien also besonders sorgfältig vorzubereiten. „Jeder Anfang muß aber entweder die Bedeutung des ganzen Gegenstandes, um den es gehen wird, herausstellen oder einen Zugang und eine Hinführung zu dem jeweiligen Fall schaffen und ein gewisses Maß an Glanz und Würde erzeugen ... Der Schluß aber hat in der Regel aus einer Steigerung zu bestehen, um den Richter zu entflammen oder zu besänftigen. Alle Aussagen im Verlauf der ganzen Rede und dann besonders der Schluß müssen so getroffen werden, daß sie auf die Richter einen möglichst starken Eindruck machen und diese in unserem Sinne beeinflussen" (Cicero, *Dē ōrātōre* 2, 320–332). Im folgenden geht es dann um die *suāsiō*, d. h. um die Rede, die eine Empfehlung oder einen Rat in einer politischen Frage geben will.

L Suadere aliquid aut dissuadere gravissimae mihi personae videtur esse; nam et sapientis est consilium explicare suum de maximis rebus et honesti et diserti, ut mente providere, auctoritate probare, oratione persuadere possis. Atque haec in senatu minore apparatu agenda sunt; sapiens enim est consilium multisque aliis dicendi relinquendus locus, vitanda etiam ingenii ostentationis suspicio: contio capit omnem vim orationis et gravitatem varietatemque desiderat. Ergo in suadendo nihil est optabilius quam dignitas; nam qui utilitatem petit, non quid maxime velit suasor, sed quid interdum magis sequatur, videt. Nemo est enim, praesertim in tam clara civitate, quin putet expetendam maxime dignitatem, sed vincit utilitas plerumque, cum subest ille timor ea neglecta ne dignitatem quidem posse retineri. Controversia autem est inter hominum sententias aut in illo, utrum sit utilius, aut etiam, cum id convenit, certatur, utrum honestati potius an utilitati consulendum sit; quae quia pugnare inter se saepe videntur, qui utilitatem defendet, enumerabit commoda pacis,

dissuādēre abraten
disertus wortgewandt
cōnsilium h. Versammlung
ostentātiō Zurschaustellung
contiō Volksversammlung
optābilis wünschenswert
suāsor Ratgeber – *interdum* bisweilen
quīn der nicht – *expetere* ≈ *petere*
subesse dahinterstehen
contrōversia Auseinandersetzung
ēnumerāre aufzählen

opum, potentiae, vectigalium, praesidii militum, ceterarum rerum, quarum fructum utilitate metimur, itemque incommoda contrariorum; qui ad dignitatem impellit, maiorum exempla, quae erant vel cum periculo gloriosa, colliget, posteritatis immortalem memoriam augebit, utilitatem ex laude nasci defendet semperque eam cum dignitate esse coniunctam.

vectigālia Staatseinnahmen – *praesidium mīlitum* militär. Sicherheit

posteritās Nachwelt

Ü

① Worin besteht nach Auffassung des Autors die besondere Schwierigkeit des *suadere* und des *dissuadere*?

② Wodurch unterscheidet sich die Rede im Senat von der Rede in der Volksversammlung *(contio)*?

③ Nennen Sie einige grundsätzliche Voraussetzungen, die ein erfolgreicher Redner erfüllen muß.

④ Beschreiben Sie das Verhältnis von *honestas* und *utilitas*.

⑤ Was versteht der Autor unter *dignitas*? Vergleichen Sie dazu auch L 32.

[6] Beachten Sie vor allem den Genitiv bei *esse*:

a) Pauperis est numerare pecus.

b) Sapientis est gloriam contemnere.

⑦ Was bedeutet *vultum in terram demittere*?

⑧ Übersetzen Sie folgende Wendungen:

a) haud procul ab urbe

b) considere in insidiis

c) dies ater

d) tecto recipi

⑨ Unterscheiden Sie: arx caeli, arx libertatis, arx legis, septem arces Romanae, caput et arx regni.

E

Das Fieber

Languebam: sed tu comitatus protinus ad me
venisti centum, Symmache, discipulis.
Centum me tetigere manus aquilone gelatae:
non habui febrem, Symmache, nunc habeo.

languēre sich schlapp fühlen
comitātus begleitet – *prōtinus* sofort
tetigēre = *tetigērunt* – *aquilōne gelātus* vom Nordwind vereist
febris Fieber

89 Die staatliche Obrigkeit

I In seiner Schrift *Dē lēgibus* unternimmt Cicero den Versuch, der praktisch-kasuistischen Rechtslehre der Römer eine philosophische Grundlage zu geben. Sein eigentliches Ziel ist aber politischer Art. In *Dē rē pūblicā* hat er den besten Staat geschildert; in *Dē lēgibus* geht es um die besten Gesetze, die sich zwangsläufig an der Konzeption des besten Staates orientieren müssen. An einer Stelle des Werkes (De legibus 1, 13, 37) formuliert er seine Absicht: „Unsere Rede zielt ganz auf die Stärkung der Staaten, auf die Stabilisierung der Gemeinden und auf die Gesundung der Völker…" Cicero will also einen Beitrag zur Reform des staatlichen Lebens liefern – und zwar mit Hilfe der griechischen Philosophie.

L Videtis igitur magistratus hanc esse vim, ut praesit praescribatque recta et utilia et coniuncta cum legibus. Ut enim magistratibus leges, ita populo praesunt magistratus, vereque dici potest, magistratum legem esse loquentem, legem autem mutum magistratum. Nihil porro tam aptum est ad ius condicionemque naturae – quod quom dico, legem a me dici intellegi volo –, quam imperium, sine quo nec domus ulla nec civitas nec gens nec hominum universum genus stare, nec rerum natura omnis nec ipse mundus potest. Nam et hic deo paret, et huic oboediunt maria terraeque, et hominum vita iussis supremae legis obtemperat. Atque ut ad haec citeriora veniam et notiora nobis: Omnes antiquae gentes regibus quondam paruerunt. Quod genus imperii primum ad homines iustissimos et sapientissimos deferebatur (idque et in re publica nostra maxime valuit, quoad ei regalis potestas praefuit), deinde etiam deinceps posteris prodebatur, quod in iis, qui etiam nunc regnantur, manet. Quibus autem regia potestas non placuit, non ii nemini, sed non semper uni parere voluerunt. Nos autem quoniam leges damus liberis populis, quaeque de optima re publica sentiremus, in sex libris ante diximus, accommodabimus hoc tempore leges ad illum, quem probamus, civitatis statum.

praescrībere vorschreiben

mūtus stumm

porrō ferner

quom = *cum*

suprēmus der höchste

quōndam einst

quoad solange – *rēgālis* königlich

deinceps der Reihe nach

sex sechs – *in sex librīs ante:* in der Schrift *Dē rē pūblicā* – *accommodāre* ausrichten nach

Ü

① Welche Bedeutung räumt Cicero der staatlichen Obrigkeit ein?

② Worin sieht der Autor die Grundlage seiner Ausführungen über die Stellung der staatlichen Obrigkeit?

③ In welchem Verhältnis stehen Ciceros Ausführungen über die *leges* zu seinen Gedanken, die er in den sechs Büchern *De re publica* formuliert hat?

④ Mit welchen Wörtern werden die Beziehungen zwischen Herrschenden und Beherrschten bezeichnet?

⑤ Vergleichen Sie 89 L mit 33 L.

⑥ Übersetzen Sie folgende Wortverbindungen:

a) tres circiter dies

b) longe alia mihi mens est

c) longe sapientissimus

d) dum haec Romae (in Rom) geruntur, consul interea classem instruxit.

⑦ Nehmen Sie Stellung zu folgendem Ausspruch: idem velle atque idem nolle, ea demum firma amicitia est.

⑧ Was haben die Wörter *circiter, longe, interea* und *demum* gemeinsam?

9 Bestimmen Sie die Textsorte von L.

10 Stellen Sie sprachlich-stilistische Besonderheiten fest. Werten Sie diese für die Ermittlung der Absicht des Autors aus.

⑪ Vergleichen Sie den Text 89 L mit 85 L vor allem unter inhaltlichen Gesichtspunkten.

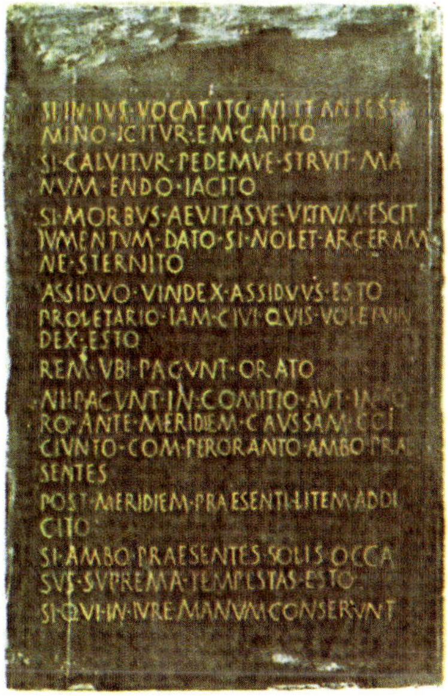

Nachbildung einer Tafel mit Vorschriften aus dem römischen Zwölftafelgesetz. Die ersten vier Zeilen bedeuten: Wenn (ein Kläger einen Beklagten) vor Gericht ruft, muß der Beklagte erscheinen. Wenn er nicht kommt, muß er zur Zeugnisablage aufgefordert werden. Dann soll (der Kläger) ihn ergreifen. Wenn (der Beklagte) Ausreden hat oder fliehen will, soll (der Kläger) ihn festnehmen ... (Rom, Museo della Civiltà Romana)

90 Die Notwendigkeit staatlicher Behörden

L Magistratibus igitur opus est, sine quorum prudentia ac diligentia esse civitas non potest, quorumque discriptione omnis rei publicae moderatio continetur. Neque solum iis praescribendus est imperandi, sed etiam civibus obtemperandi modus. Nam et qui bene imperat, paruerit aliquando necesse est, et qui modeste paret, videtur, qui aliquando imperet, dignus esse. Itaque oportet et eum, qui paret sperare se aliquo tempore imperaturum, et illum, qui imperat, cogitare, brevi tempore sibi esse parendum. Nec vero solum ut obtemperent oboediantque magistratibus, sed etiam ut eos colant diligantque praescribimus, ut Charondas in suis facit legibus.

discrīptiō Organisation

Ü

① Welche Beziehung sieht der Autor zwischen Befehlen und Gehorchen?

② Welche Voraussetzungen müssen gegeben sein, damit man Ciceros „Vorschrift" am Ende des Textes wirklich erfüllen kann?

③ Worin besteht das *bene imperare*?

④ Unterscheiden Sie *Gallia citerior* und *Gallia ulterior.*

⑤ Geben Sie eine zu folgenden Substantiven passende Übersetzung von *subitus*: tempestas, malum, consilium, bellum, oratio.

⑥ Was bedeutet *multum* in folgenden Verbindungen? multum prodesse, multum adiuvare, multum loqui de re, multum et diu cogitare, multum morari, multum amare, multum superare.

⑦ Das Lexikon bietet für *collocare* u. a. folgende Bedeutungsangaben: aufstellen, hinsetzen, unterbringen, ansiedeln, verheiraten, anlegen, anwenden, sich auf etwas verlegen.

Wählen Sie die jeweils passende Bedeutungsangabe: signum in templo collocare, se in loco collocare, philosophiam in urbibus collocare, aliquem in regno collocare, insidias alicui in silva collocare, filiam in alienam civitatem collocare, pecuniam in provincia collocare, omne studium in sapientia collocare, se collocare in philosophia.

⑧ Welche Wörter sind verwandt mit *prudentia, diligentia, civitas*?

KANADA
USA
MITTELAMERIKA
SÜDAMERIKA
EUR
Romanische Sprachen
Englisch
Deutsch